バレエ式 ソフトストレッチ ダイエット

バレリーナが スリムの 秘密

後藤早知子 編

はじめに

本書で紹介するのは、バレエ経験のない人でも無理なく取り組めるソフトストレッチです。**Part1**から**Part4**の4部構成で、誰もができる簡単なストレッチから柔軟性が必要なストレッチへと、少しずつステップアップしていけるように段階を踏んで紹介しています。読み始めの出発点としていただきたいのが、床で行う基本のストレッチを扱った**Part1**です。慣れてきたら身体の部分別エクササイズの**Part2**へ。これらのエクササイズに身体が慣れてしまった、あるいは物足りない、そんなステージに立った人がトライできるように、**Part3**では、45分間かけてじっくりできるコースを紹介しています。さらに、**Part4**では、立って行う、自分の部屋でできるバーレッスンも。バレリーナも顔負け?!の引き締まった身体を目指して、トライしてください。

CONTENTS

知れば、エクササイズも楽しくなる
5 プリマ風ボディを目指す身体づくりのプロローグ

GOTO'S Theory　骨を整列させ、「丹田力」と「腹式呼吸」で身体づくり
　　　　　　　　バレエを通してつかんだ私のメソッドの3本柱です──6

Theory 1　骨の並びを整え、骨を動かす意識が
　　　　　無駄な力を使わずに、身体の内側の筋肉を鍛えます──8

Theory 2　身体の中心といわれる「丹田」。
　　　　　下腹の奥にあるこのポイントを意識することが
　　　　　バレリーナボディをつくる基本です──10

Theory 3　ゆっくり行う腹式呼吸で代謝アップ。筋肉のすみずみまで
　　　　　エネルギーがいきわたり、太りにくい身体のサイクルに変わります──12

マスターしたい腹式呼吸①「短・短・長」の腹式呼吸──13
マスターしたい腹式呼吸② 仰向けの腹式呼吸──14
マスターしたい腹式呼吸③ うつぶせでの腹式呼吸──14

3つの理論が体感できるワンエクササイズ──15

Part 1

身体の硬さ度チェック付き
17 崩れないプロポーションをつくるためのフロアエクササイズ

バレリーナエクササイズの秘密　筋肉を骨にそって縦に引き伸ばすので、筋肉太りにはなりません——18
縦に伸びるしなやかな筋肉だと痩せる!? フロアエクササイズがダイエットに効くワケ——19
無理なくエクササイズをするために
　　筋肉の柔軟性と関節の硬さ度チェックで自分の身体と対話する!——20
　　　　Check1　バック筋カチカチ度——21　　Check2　股関節オープン度——22
　　　　Check3　腹筋ヘラヘラ度——23　　Check4　エトセトラ硬さ度——24
　　あなたは何タイプ？硬さ度別エクササイズコースのすすめ　身体の硬さ度ジャッジ!!——25

26 ベーシックコース（全タイプ共通）
　　Lesson1　壁を使ったロールアップ＆ダウン——26　Lesson2　片脚ストレッチ——27
　　Lesson3　両膝抱え——27　Lesson4　丹田の腹筋——28　Lesson5　ア・ラ・スゴンドのストレッチ——29
　　Lesson6　だるま腹筋——30　Lesson7　脚裏伸ばし——31　Lesson8　ブラブラ股関節——31

32 ミディアムコース
　　Lesson9　両脚スローダウン——32　Lesson10　片脚ずつの前ストレッチ——33
　　Lesson11　腹背筋から正座ブレイク＆前腿ストレッチ——34
　　Lesson12　足裏合わせー膝割り第二ポジション——35

36 アドバンスコース
　　Lesson13　床の開脚——36　Lesson14　うつぶせデリエール——38
　　Lesson15　四つんばいデリエールストレッチ——38　Lesson16　正座ブレイク——40
　　Lesson17　ヒールアップでドゥバン＆ア・ラ・スゴンド——40　Lesson18　仰向け腹式呼吸——41

Part 2

1日10分でグッと引き締まる！
43 弱点をなくして360度キレイになるディテール別エクササイズ

44 理由がわかれば、鍛え方がわかる① だから、しなやかなバレリーナの上半身
　　ノースリーブが似合うメリハリ二の腕を目指す！／ドゥージエーム・ポジションのアームス——45
　　ズンドーな二の腕のラインを変える！／壁押し／ボール腕はさみ／プル・アーム・アゲンスト——46
　　脇だって見逃さず、しっかりシェイプ！／バーチャル懸垂／ウエイトアップ／腕立て——47
　　ツンと上を向いたラブリーバストをつくる／バストアップ——48　タオルプル／バストストレッチ——49
　　いつでも見せられるしなやかな背中になる！／天使の羽運動／クロスアップ——50
　　バックウォーク／バックストレッチ／タオルを使った背中エクササイズ——51
　　指先を美しくするフィンガーエクササイズ／バーチャルピアノ弾き・手指編／
　　ヒトデ運動／タオルギャザリング／バーチャルピアノ弾き・足指編——52
　　小顔に見せるネックエクササイズ／寝たまま首ストレッチ／どこでも首ストレッチ——53

54 理由がわかれば、鍛え方がわかる② だから、しなやかなバレリーナの下半身
　　お腹まわりを絞ってくびれウエストに！／スパイラル腹筋／ウエストスパイラル——55　棒ころび——56
　　さらにきれいなお腹まわりにする椅子エクササイズ——57
　　パンツにピタッとおさまる小尻になりたい！／ヒップアップ——58　お尻叩き／ながらヒップアップ——59
　　スラリと伸びた美脚美人になる！／パラレルストレッチ——60
　　リラックス＆ストレッチのイン・アウト——61

Part 3

63 ダイエット効果をさらにアップ！ じっくり取り組みたいウィークエンドエクササイズ

64 週末だからじっくりやりたい！ プリマボディに近づくための45分間フルコースメニュー

- Exercise 2 をレクチャー！ 両脚頭越えストレッチ＆リラックス──66
- Exercise 4 をレクチャー！ 片脚ずつのドゥバンストレッチ──68
- Exercise 10 をレクチャー！ ボディアップ──69
- Exercise 10 をレクチャー！ 仰向けパッセかかえ──69
- Exercise 11 をレクチャー！ ア・ラ・スゴンドのデブロッペ──70
- Exercise 13 をレクチャー！ デリエールストレッチ（アラベスク＆アチチュード）──71
- Exercise 14 をレクチャー！ 仰向け開脚ストレッチ──72
- Exercise 16 をレクチャー！ ヒールアップでドゥバンからア・ラ・スゴンドへ──74
- Exercise 16 をレクチャー！ クロス腹筋──76

Part 4

77 ちょこっとプリマ気分 お部屋でできるスタンディングエクササイズ

78 正しいエクササイズで、脚を引き締め！ 筋肉と腱のウォームアップからバーレッスンをスタート！

- Warming Up1　アキレス腱ストレッチ──78　　Warming Up2　片脚ルルベ──78
- Warming Up3　脚のつけ根まわりのリラックス──79
- Warming Up4　脱力バウンス──80　　Warming Up5　太腿スライド──81

82 膝の曲げ伸ばしは、バレリーナの基礎レッスン プリエで、お腹引き締め＆うっとりする美脚づくり！

- おうちでプリエ①　両手を台に添えてプリエのレッスン──82
- おうちでプリエ②　片手を台に添えてドゥミ・プリエのレッスン──83
- おうちでプリエ③　片手を台に添えてグラン・プリエのレッスン──83
- 膝を伸ばすレッスン　脚裏のなめらかなラインをつくる──84
- アームスの基本ポーズ　プヨプヨの二の腕を絞り込み！──85

86 ちょっと待って、そのストレッチ！ あなたのエクササイズ、間違っていませんか？

88 コレがあれば、やる気倍増！ エクササイズが楽しくなる　おしゃれ＆サポーティブアイテム

- ダイエットダイアリー──92
- エピローグ──94

GOTO'S EYE

- ●ストレッチをするときは暖かい場所で、呼吸をとめないように気をつけましょう──16
- ●へそ出しやミュールファッションで腹筋が弱くなる!?──42
- ●スポーツ経験によって、バレエへの理解度が違うかも…──62

知れば、エクササイズも楽しくなる

プリマ風ボディを目指す身体づくりのプロローグ

GOTO'S Theory

バレエ経験のない人でもできるフロアで寝て行うソフトストレッチです

この本で紹介するエクササイズには、激しい動きや身体に大きな負担がかかる動きは一切ありません。床に寝ることで、余分な負荷を身体にかけずに行えるストレッチがメインになっています。筋肉を無理に引っ張ったり、勢いをつけたりせず、筋肉や腱に負担をかけず、自分の体重を利用してできるソフトストレッチです。左右の筋肉をバランスよく使うのも特徴のひとつです。
私は現在、舞踊振付家、バレエ教師として活動していますが、もとはバレエダンサー。現役時代は、かなりの練習をこなしてきましたし、けがや故障はつきものの生活を送っていました。このエクササイズは、そうした自分のバレエキャリアを省みて、独自の考え方に基づいて作ったものです。
もともとは、バレリーナたちにレッスン前に行ってもらっていたもので、その目的は、柔軟な身体づくり、あるいはケガの予防にあります。バレリーナのためのエクササイズとはいえ、バレエ経験のない人でも簡単にできる内容になっています。また、身体の硬い人でもできる方法も紹介しています。無理せず自分のできる範囲で行う、というのが基本です。

骨を整列させ、「丹田力」と「腹式呼吸」で身体づくり。バレエを通してつかんだ私のメソッドの3本柱です

身体の内側から美しく、しなやかにすることがエクササイズの目的です

私のエクササイズは、解剖学に基づき、バレエはもちろんですが、気功やヨガ、モダンダンスやジャズダンスのいいところを取り入れています。

骨の並びを整えながらの運動なので、ムダな力を使わずに、身体の内側の筋肉を鍛えることができます。また、ヨガや武道の経験者には馴染みのある言葉ですが、身体の中心といわれる丹田にも注目。下腹がゆるまないように支えておく力を、私は丹田力と呼んでいますが、その力をつけることは、内側から美しいボディをつくるひとつの鍵になります。

さらに、全身にエネルギーを送る腹式呼吸によって、身体をリラックスさせること。骨を整える、丹田力をつける、腹式呼吸の実践、この3つが、私のエクササイズの根底にある考え方です。

さらに付け加えると、身体にある2つの"目"を開くことが大事だと思っています。第一の目は身体の中心にあって、内側から自分を見る目。第二の目は胸の後ろにあって、外側から自分を360度見ることができるポイントです。この2つの目を見つけるのは難しいけれど、意識して、エクササイズに取り組んでもらいたいと思います。

後藤早知子（ごとうさちこ）

profile

兵庫県生まれ。8歳から西野バレエ団にてバレエを始める。17歳で松山バレエ団に入団。1968年に東京バレエ団に入団し、国内外の公演に参加。1987年よりフリーとなり、バレエの枠にとらわれない舞踊振付家として活動を開始。1989年「組曲兵士の物語」で日本バレエ協会の振付賞を受賞、1991年 代表作「光ほのかに―アンネの日記―」で芸術選奨文部大臣新人賞他三賞受賞。ダンス・ルミエール（☎ 090-6043-8910　ホームページ http://home.catv.ne.jp/ss/lumiere　E-mail: lumiere@wa.catv.ne.jp）を主宰。劇団四季、劇団ひまわりのほか、チャコットをはじめとする都内のダンススタジオで、バレエやフロアメソッドクラスを開講。チャコット（☎ 03-3476-1344）

Theory 1

骨の並びを整え、骨を動かす意識が無駄な力を使わずに身体の内側の筋肉を鍛えます

骨の並びを整えることで筋肉は自然に伸びる

エクササイズの効果を上げるために一番重要なのは、骨や筋肉を正しく動かすことです。でも身体を動かす場合、どうしても筋肉だけに意識が集中しがち。これではストレッチをするときに、身体に余計な力が入ってしまい、筋肉だけでなく関節にもストレスを与えてしまいます。

正しくストレッチするために、まず骨を意識してみましょう。骨盤や背骨の正しい並びをアライメントといいますが、これを整えることが大切です。整え方は、9ページで紹介するように簡単な動作で大丈夫。筋肉は骨にまとった洋服のようなもの。アライメントと骨を意識して動かすことで、筋肉は骨にそって自然に伸びていきます。

8

「背骨をつみあげていく」感覚を体験してみましょう

背骨は、小さな骨が連なっています。身体を前後左右に曲げたり、あるいは、クネクネとやわらかい動きができるのはそのおかげです。
背骨をひとつずつつみあげていくという動作で、骨を正しく整列させるアライメントの感覚を覚えましょう。

1 身体の力を抜いてリラックスする

壁にもたれ、両脚を伸ばして座ります。頭の重みを利用しながら、背骨の上のほうから骨の隙間を開けるイメージで、身体の力を抜いてゆっくりと上体を倒していきます。身体は脚のつけ根から、ふたつに折るような感じで。

2 骨の1本1本を意識しながら上体を起こしきる

腰を立てて、背骨の1つ1つをつみあげていく意識で、ゆっくりと上体を起こしていきます。首の後ろの骨がまっすぐになるまで、上体を起こしきります。

Theory 2

身体の中心といわれる「丹田」。下腹の奥にあるこのポイントを意識することがバレリーナボディをつくる基本です

身体の中心である「丹田」ってどこにあるの？

大腰筋
腸骨筋
骨盤底

丹田は、おへそと肛門をつないだ真ん中に

お腹の奥には、背骨と太腿の骨をつなぐ大腰筋、骨盤の前を通る腸骨筋などがあります。丹田は、その筋肉に囲まれた、骨盤底の上あたり。恥骨の奥、おへその少し下で肛門の少し上にあると考えればいいでしょう。一般の腹筋運動では、表面の腹筋しか鍛えられません。また、表面の腹筋ばかりが強くなると、お腹の奥の筋肉を感じにくくなります。

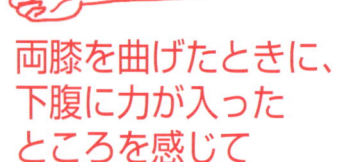

両膝を曲げたときに、下腹に力が入ったところを感じて

ウエストの後ろを床につけて仰向けになり、両膝を曲げます。このとき、お腹の奥の部分に少し力が入るところが丹田です。下腹の力で両脚を少し上げると、丹田の位置をよりはっきりつかむことができます。

丹田とはお腹の奥深くの身体の中心のことです

ヨガや東洋医学でいわれる丹田とは、下腹の奥の腹筋力のことで、身体の中心をいいます。この力は、下腹が引き締まったボディづくりや、きれいな姿勢をキープするためのサポートをします。

下腹を支える丹田力をつけければ、無駄な動きもなく、身体に余計な負担をかけずに、効果的にエクササイズをすることができます。

丹田の位置を正しくつかむには

丹田力をつけるためには、その位置を正確に知ることから始まります。エクササイズで丹田の力を鍛えたり、その力を引き出すために、位置をしっかり体感しておきましょう。

丹田を知るポーズ ❶ 椅子に座って

足の裏全体を床につけ、背筋を伸ばして膝を締めて椅子に座ります。この姿勢を支えるときに、お腹の奥に力が入るところが丹田です。

丹田を知るポーズ ❷ 立ったままで

背筋を伸ばし、自分の足のサイズくらいに脚を横に離して立ち、左右のかかとを前に押し出して合わせます。このとき、お腹の奥に力が入るところが丹田です。

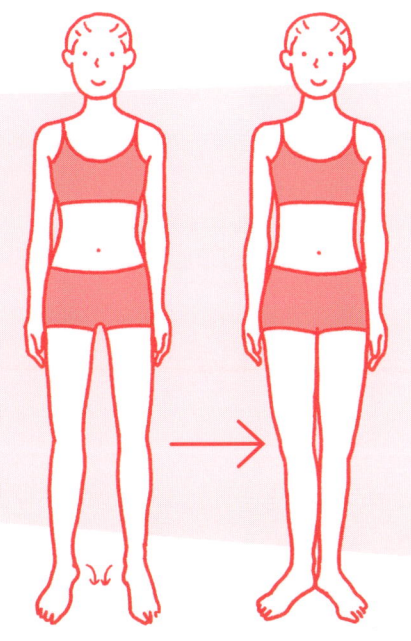

丹田を知るポーズ ❸ 壁にもたれて

壁に背中をつけ、膝を曲げて両足のつま先で床を押して、かかとだけを床から少し上げます。かかとを上げた際に、お腹の奥に力が入るところが丹田です。

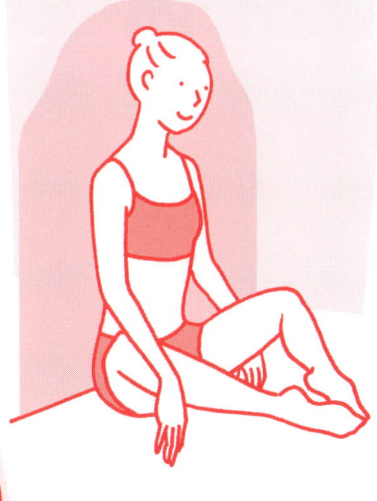

丹田を知るポーズ ❹ 床に寝て

仰向けになって両手を床に伸ばし、膝を曲げて、骨盤の幅が一番広い部分を持ち上げます。両足のかかとを合わせて、つま先を開きます。このとき、お腹の奥に力が入るところが丹田です。

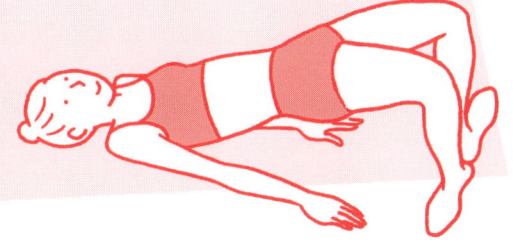

Theory 3

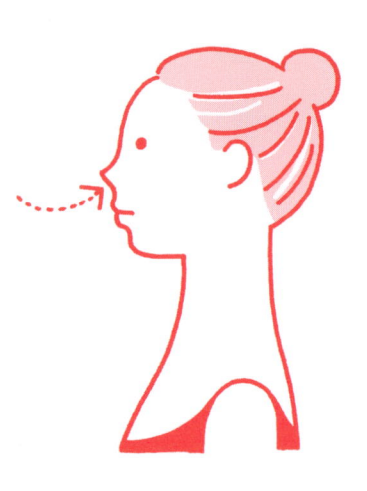

腹式呼吸の基本レッスン
はじめてみましょう

ゆっくり行う腹式呼吸で代謝アップ。
筋肉のすみずみまでエネルギーがいきわたり
太りにくい身体のサイクルに変わります

1 鼻から息を吸う
口を閉じて鼻から息を吸います。このとき、お腹の中の風船を膨らませるような意識で、深く息を吸い込んで。

2 口から息を吐く
口を少し開き、息を下へ向かって、少しずつ吐いていきます。お腹の中の風船から空気を抜いていく感じで行いましょう。

「気」の流れを良くし酸素を全細胞に送る

腹式呼吸は、身体のエネルギーの通り道である「気」の流れを良くし、丹田にたっぷりとエネルギーを送り込みます。全身のひとつひとつの細胞に、酸素をいきわたらせることができるので代謝は上がり、エネルギー消費のよい身体へ。

エクササイズをするときは、息を吸うことより吐くことを心がけましょう。身体を伸ばすときは、必ず息を吐きながら行います。

12

マスターしたい腹式呼吸 ①
「短・短・長」の腹式呼吸

腹式呼吸は、やわらかい身体づくりに必要なエクササイズのひとつ。リズミカルなこの呼吸は、身体だけでなく心もリラックスさせてくれます。

① お腹がまるく膨らむように鼻から息を吸う

両足裏を合わせて座り、みぞおちから身体を折って、胸の後ろを意識します。口を閉じ、鼻から息を吸ってお腹を膨らませます。

② 胸の後ろを開く感じで短く息を吐く

横隔膜を下ろす感じで、「ハッ、ハッ」と短く息を2回吐きます。このとき、胸の後ろを開く感じでエクササイズ。

③ 息を一度に吐き切って、上体の力を抜く

短く息を2回吐いたら、続けて「ハーッ」と1回で息を吐き出します。そのまま、前に倒れるくらい、上体の力を抜きます。

マスターしたい腹式呼吸 ② 仰向けの腹式呼吸

全身の力を抜いて、身体のすみずみまでエネルギーを送り込むように心がけます。朝起きたときに行えば、目覚めはスッキリ。夜寝る前には心身のリラクゼーションになります。

1 息を吸ったとき、ウエストの後ろは少し床から上がる感じで

全身リラックスして大の字に寝ます。口を閉じ、鼻から息を吸ってお腹を膨らませます。ウエストの後ろは自然に少し床から離れます。

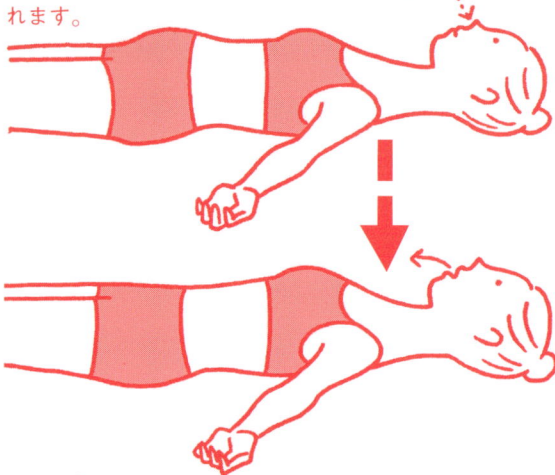

2 息を吐くにしたがって背骨が床に密着していく

腹底へ向かってゆっくり息を吐いていきます。息を吐いていくにしたがって、背骨が伸び、床に少しずつ密着していくことを意識してください。

こうなってはNG
息を吸うときに、両肩が上がっては駄目。首から肩にかけての筋肉をリラックスさせましょう。

マスターしたい腹式呼吸 ③ うつぶせでの腹式呼吸

お腹を押さえつけているうつぶせでの腹式呼吸では、息を吸ってお腹を膨らますのは、少し難しいかもしれません。お腹をより意識してゆっくり実践してみて。

1 お腹の膨らみをより意識して、息を吸う

両手をあごの下に組み、お腹の下にクッションや座布団を敷いてうつぶせに。鼻から息を吸ってお腹を膨らませます。

2 顔を上げずに、床に向かって息を吐く

顔を上げずに、床へ向かって口から少しずつ息を吐いていきます。このとき、お腹がしぼんでいくのを感じてください。

骨のアライメント、丹田力、腹式呼吸

3つの理論が体感できる ワンエクササイズ

ロールアップ＆ダウン

体内のエネルギーの流れをつくり、姿勢を整えてくれる基本のエクササイズです。ポイントは身体に合わせたゆっくりとした呼吸です。

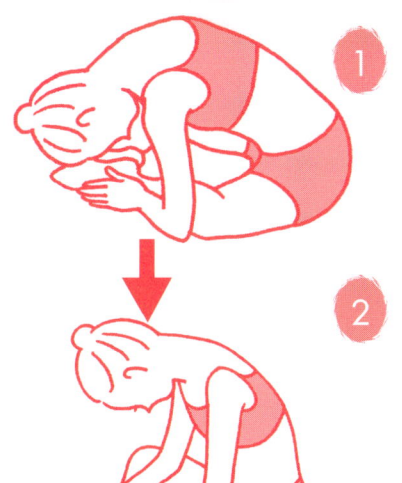

1 息を吐きながら、前に倒れるように上体を脱力！

足の裏を合わせ床に座り、息を吐きながら、上体の力を抜ききります。頭の重みを利用し、太腿のつけ根から上体を倒しましょう。

2 丹田からのエネルギーの流れと丹田と背骨を意識する

丹田に力を入れて、下腹で床を水平になぞるような感じから、骨盤の後ろの内側を垂直になぞるようにエネルギーの流れを感じて、腰を立てていきます。背骨の内側をなぞるようにエネルギーが上昇していくのを感じながら、背骨をつみあげていく感覚で、ゆっくりと上体を起こしていきます。（ロールアップ）

呼吸はスタート時に一息吸ったら、あとはゆっくりと吐きながら行います。吐く息が長く続かない場合は、途中で軽く吸ってから、再度、吐く息を意識しながら行ってください。（ロールアップもロールダウンも同じように行います）

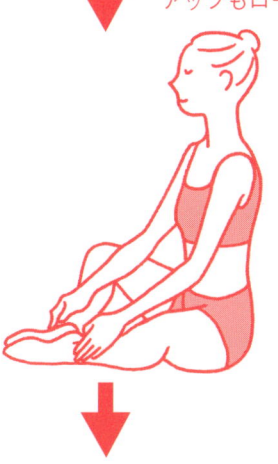

3 下腹の支えで背中を立たせる

首までしっかり上体を起こしたら、天井から糸でピンと引っ張られている感じで、背筋を伸ばします。

4 横隔膜とお腹の表面の筋肉をリラックスさせて

息を吐きながら、エネルギーが身体の前面を通って丹田へと下降していくようにイメージします。頭の重みを利用して、背骨が1本ずつ上から下へと落ちていくように、上体を倒していきます。（ロールダウン）

こうなってはNG

上体を起こしたとき、前傾にならないように。出っ尻にもなりやすいので注意しましょう。

ストレッチを始める前に

気温やスペースなど、ストレッチをする環境にも十分配慮することが肝心です。

寒い場所や身体が冷えた状態でストレッチをしないこと

夏は強い冷房や扇風機の風が直接身体に当たらないように。冬は部屋を暖めて、身体が冷えないように注意しましょう。

平らなスペース、床にタオルなどを活用

エクササイズは、周囲に障害物がない平らなスペースで行いましょう。厚いタオルやマットを敷いて、硬い床での運動は避けてください。

ゆったりとした服装で

身体を動かしやすい服装で行います。関節を締めつけるような服装はなるべく避けましょう。

ストレッチをする時の注意

身体に負担をかけない、正しい方法で実践しましょう。

筋肉や腱を無理に伸ばさないで！

筋肉を伸ばすときは、痛さを強く感じない気持ちがよいと感じるところまでにしましょう。

呼吸はとめない

ストレッチをするときは、必ず息を吐きながら行うようにしましょう。呼吸をとめないように注意してください。

ストレッチをするときは暖かい場所で、呼吸をとめないように気をつけましょう。

GOTO'S EYE

Part 1

身体の硬さ度チェック付き

崩れない プロポーションを つくるための フロアエクササイズ

14のポーズで身体の柔軟性を判定！
身体の硬さに応じて、徐々にステップアップしていけるように、
3つのコースにわけてデイリーストレッチを紹介します。

バレーナエクササイズの秘密

筋肉を骨にそって縦に引き伸ばすので、筋肉太りにはなりません

どのように筋肉を動かし、どのような筋肉をつけるかによって、身体の引き締まり方は違ってきます。

痩せる秘訣は身体の動かし方にあります

この本で紹介するエクササイズの目的は、脚を高く上げたり、開脚して胸をペタッと床につけたりすることではありません。正しい身体の使い方を身につけ、自分のできる範囲でエクササイズをし、やわらかい身体をつくっていくことにあります。

エクササイズの動きの根底にあるのは、筋肉を骨にそって引き伸ばすこと。こうした特徴が、引き締まったボディづくりをサポート、それによって縦に伸びるしなやかな筋肉がつくられ、横れるのです。

太りの筋肉にはなりにくいため、筋肉太りを気にする必要はありません。

また、身体の柔軟性が高まると、関節の動く範囲がより大きくなります。つまり、同じ動作をしても、より多く大きく動けるようになるので、エネルギーの消費も高まるのです。

フロアエクササイズのこうした特徴が、引き締まったボディづくりをサポート、ダイエット効果を高めてくれるのです。

筋肉と骨の関係を知っていますか？

筋肉は関節をまたぐようにして骨についています。関節を曲げると、筋肉は収縮します。逆に骨を伸ばせば、それにつられて筋肉は縦に伸びます。

18

縦に伸びるしなやかな筋肉だと痩せる!?
フロアエクササイズがダイエットに効くワケ

摂取しすぎたエネルギーを消費しやすい身体になります

筋肉を動かすことで、血行が良くなります。腹式呼吸によって、筋肉のエネルギーとなる酸素を多く体内に取り入れることができるので、筋肉の動きもスムーズに。摂取しすぎたエネルギーをより多く消費する、太りにくい身体づくりにつながります。

関節の可動範囲が広がり運動量がアップします

筋肉がやわらかくなれば、身体のさまざまな関節もよく動くようになり、運動量もアップします。楽に身体を使えるので、動くこともおっくうでなくなるため、さらに運動量が増えるというプラスアルファの効果もあります。

筋肉が太くならないから同じ体重でも細く見えます

エクササイズでは、背筋を伸ばす姿勢が多く取り入れられています。筋肉を縦に伸ばすので、マシーントレーニングなどで鍛えた身体のように筋肉ムキムキになりにくく、同じ体重でも、より引き締まって見えるようになるのです。

無理なくエクササイズをするために
筋肉の柔軟性と関節の硬さ度チェックで自分の身体と対話する！

flexibility Check!

コチコチの身体のままで、無理にエクササイズをするのはケガのもとです。正しくエクササイズをして効果を上げるために、まずは自分の柔軟性や筋力を総チェック！

硬い身体というのは、どういう状態をいうのでしょうか？ 身体の硬さを決めるのは、身体の後ろの筋肉、股関節の動く範囲、そして腹筋力の3つです。背中や脚の後ろの筋肉が縮まってガチガチにかたまってしまうと、猫背姿勢になったり、膝の裏がまっすぐに伸びません。

しなやかな動きができるというのは、身体のやわらかさの象徴です。そのためには、腹筋力も必要となります。

姿勢でわかる身体の弱点

身体のやわらかさを決める
3大ポイント

1 身体の後ろ側の筋肉がよく伸びる
背中から脚にかけての筋肉の伸びがポイント。ここの筋肉がよく伸びると身体の柔軟性は高まります。バレリーナのように波打つような動きも思いのまま！

2 股関節の動く範囲が広い
脚を大きく開けないのは、股関節が動く範囲が狭いということ。股関節を取り巻く筋肉をほぐして、伸びやかな筋肉にすれば180度の開脚も夢じゃない!?

3 腹筋力がある
身体がやわらかいということは、しなやかな動きができるということ。そのためには身体を支える腹筋力が必要です。

21〜24ページの硬さ度CHECKの結果は ☐ の中に記入してください。硬さ度の判定結果は25ページで解説します。

Check 1 バック筋カチカチ度

背中と脚の後ろ側の筋肉の柔軟性を知るポーズです。

Q1 両脚を伸ばして座れますか？

膝を曲げずに両脚を伸ばし、つま先を天井に向けます。そのまま背筋を伸ばし、上体と脚が直角になるように姿勢を保ちます。

- A 上体が後ろに傾いてしまい、脚と直角に保てない
- B 姿勢は保てるが、脚の後ろ側の筋肉が痛い
- C 楽にこの姿勢が保てる

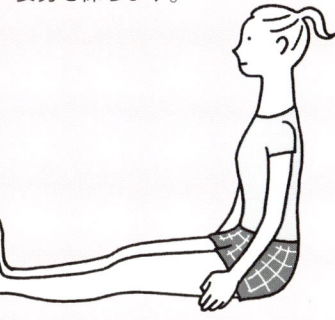

Q2 座ったまま両手でつま先をつかめますか？

膝を曲げずに両脚を伸ばし、つま先を天井に向けます。両手を前に出して前屈をし、つま先をつかみます。

- A 手がつま先につかない
- B つま先に触れることはできるがつかめない
- C つま先をつかめる

Q3 前屈して右手で左足のつま先をさわれますか？

脚を肩幅に開いて前屈し、膝を曲げないまま、右手で左足のつま先に触れます。

- A ふくらはぎはさわれる
- B 足首にはさわれる
- C つま先をさわれる

Q4 両脚頭越えができますか？

仰向けに寝て、両膝を揃えて頭を越します。

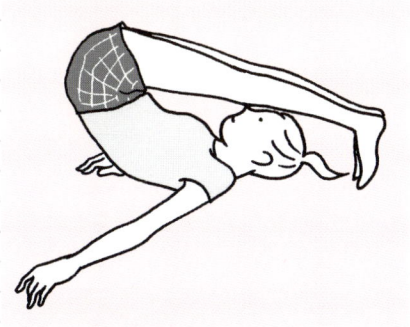

- A 頭を越えない
- B 頭を越えるがその姿勢を保てない
- C 床につま先がつく

Check 2 股関節オープン度

股関節まわりの筋肉のストレッチ度をみるポーズです。

Q5
膝を割って座ったとき床と膝下の角度はどのくらいですか？

背筋を伸ばして膝を割り、股関節を広げて床に膝を近づけます。

- Ⓐ 床と膝下の角度は60度くらい
- Ⓑ 床と膝下の角度は45度くらい
- Ⓒ 膝がほぼ床につく

Q6
膝を曲げずに開脚ができますか？

背筋を伸ばして、両脚を左右に広げ、つま先を上に向けます。

- Ⓐ 90度は開ける
- Ⓑ 120度くらいは開ける
- Ⓒ 180度近くまで楽々開ける

Q7
立って膝を割ったとき両膝のお皿はどの方向を向いていますか？

脚を肩幅くらいに開き、股関節を外側に開いて腰を落とします。

- Ⓐ 正面から45度くらい
- Ⓑ 正面から60度くらい
- Ⓒ ほぼ真横

Check 3 腹筋ヘラヘラ度

お腹まわりの筋肉の強さをみるポーズです。

Q8 仰向けに寝て両脚を上げることができますか？

背中のウエストの部分は床につけたまま、膝を伸ばして、両脚をお腹と垂直になるように上げます。

- A お腹と垂直のところまで両脚が上がらない
- B 垂直に上がるが、膝を伸ばせない
- C 膝を曲げずに両脚が垂直に上がる

Q9 両脚をゆっくり下ろせますか？

Q8と同じ姿勢をとり、両脚を揃えて、膝を伸ばしたままゆっくり下ろしていきます。

- A 垂直から30度くらいまでなら下ろせる
- B 垂直から45度くらいまでゆっくり下ろせるが、ウエストが床から浮いてしまう
- C ウエストも浮かず、床までゆっくり下ろせる

Q10 横に寝たままキープできますか？

横向きに寝て両手、両脚を伸ばし、身体を棒のように一直線に保ちます。

- A 腰が曲がって一直線に保てない
- B 一直線にはできるが、ふらつく
- C 一直線にキープでき、ふらつかない

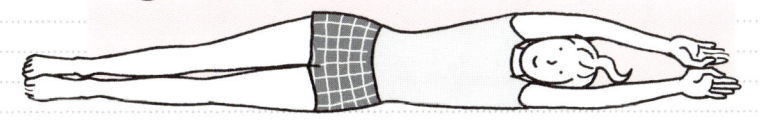

Q11 座って足を上げたまま保てますか？

膝を曲げて座り、足を床から少し離して保ちます。

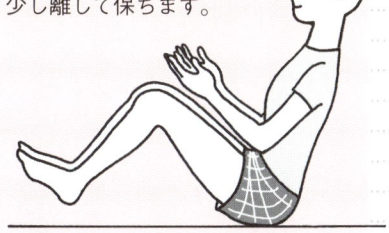

- A 足を上げると後ろに倒れる
- B キープできるが、身体がふらつく
- C 静止したままこの姿勢をキープできる

Check 4 エトセトラ硬さ度

まだまだあります！身体のやわらかさをみるポイント。

Q12 うつぶせで両手で足をつかめますか？

[c]

肩関節と背筋の柔軟性をみます。
うつぶせになって背を反らして膝を曲げ、両手で両足のつま先をつかみます。

- A 両手がつま先につかない
- B つま先にさわれる
- C つま先をつかめる

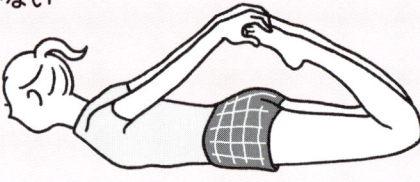

Q13 背中で左右の指先がつきますか？

[c]

肩関節の柔軟性をみます。
右腕は肩側から、左腕は腰側から背中にまわし、
右手と左手を近づけます（①）。その逆も行います（②）。

- A ①②とも指先はつかない
- B ①か②の一方だけ、指先がつく
- C どちらをやっても指先がつく

Q14 かかとをつけたまましゃがめますか？

[c]

アキレス腱まわりの柔軟性をみます。
両脚をつけたまま膝を曲げ、かかとをつけたまま、
両腕で膝を抱えるように座ります。

- A かかとをつけてしゃがめない
- B 一瞬できるが、後ろに倒れてしまう
- C 姿勢をキープできる

あなたは何タイプ？

硬さ度別エクササイズコースのすすめ
身体の硬さ度ジャッジ!!

身体の硬さ度を3タイプに分け、正しいエクササイズの進め方を紹介します。無理はゼッタイ禁物。身体の条件に合わせて、エクササイズのステップアップを！

Aが一番多かった人

A TYPE　コチコチタイプ
筋肉のストレッチから始めたい

ベーシックコースをじっくり行ってから次のステップへ

全身の筋肉や関節がかたまって、筋肉はコチコチ状態、関節はギシギシ状態です。まずは、ベーシックコースで、筋肉を伸ばすストレッチをしっかり行うことが大切です。身体の後ろの筋肉が縮まってしまうと、姿勢も悪くなりがち。日常生活では、意識して背筋を伸ばすことを心がけたいものです。

Bが一番多かった人

B TYPE　プチヤワタイプ
しなやかさにさらに磨きをかけたい

ベーシック&ミディアムを毎日行いたい

身体のやわらかさは普通。でも、筋肉や関節は、加齢にともない硬くなっていきます。放っておけば、すぐにコチコチタイプの仲間入ってしまうことに。ベーシックコースやミディアムコースをデイリーエクササイズとして取り入れ、柔軟性をさらに高めるようにしましょう。

Cが一番多かった人

C TYPE　激ヤワタイプ
プリマ風ボディまであと少し

ベーシック&ミディアムはウォームアップ。アドバンスをじっくり

筋肉や関節のしなやか度は、人並み以上といえるでしょう。ベーシックコースやミディアムコースで、しっかりウォーミングアップをしてから、じっくりとアドバンスコースに取り組みましょう。でも無理は禁物です。筋肉や腱を痛めないよう、しっかりと身体を温めてからのぞむようにしましょう。

毎日**10**分でボディラインが変わる！
関節や筋肉に負担をかけない
基本エクサをマスター

全タイプ共通
ベーシック
コース

基本のフロアエクササイズです。無理に身体を曲げたり、脚を伸ばしたりする必要はありません。自分のできる範囲で、レッスン1からレッスン8にトライ！ 身体の関節や筋肉をまんべんなく動かし、負担なく進めていけるメニューになっています。毎日続けることで、いつの間にか締まった身体になります。

Lesson 1

壁を使ったロールアップ＆ダウン
姿勢を正し、エネルギーを体内に送る

STEP 1

上体を倒した姿勢から開始

壁にもたれて、脚を伸ばして座ります。上体を脚のつけ根で折って前に倒し、全身を脱力した姿勢からスタート！ この姿勢でつらい人は、11ページの丹田を知るポーズ①の椅子に座った姿勢で、STEP 1からSTEP 3にトライしましょう。

STEP 2

背骨を意識してロールアップ

上体を倒した姿勢から、自然呼吸で丹田に力を入れて腰を立てていきます。背骨を1本1本、真上につみあげるように、1〜8カウントを2セット数えながら、ゆっくり少しずつ上体を起こしていって。お尻の2本の骨を床に対して垂直に立てるような感じです。エネルギーが、骨盤の内側から背骨の内側を通って上昇していくのをイメージしましょう。

STEP 3

息を吐きながらロールダウン

上体を起こしきったときは、背骨から頸骨（首の後ろの骨）、つむじまでを1本の線でつなぐようにまっすぐ立てて。天井から糸で引っ張られているイメージで背筋を伸ばします。頭の重みを利用して、身体の前面をリラックスさせて上体を少しずつ倒してSTEP 1に戻ります。このとき、1〜8カウントを2セット数えながら、下腹の奥に向かって息を吐いていきます。STEP 1〜STEP 3を1セットとして、これを4セット行います。

Lesson 2

片脚ストレッチ
後ろ腿を伸ばし、脚のつけ根をリラックス

STEP 1

脱力して仰向けになる
仰向けになり、両膝を立てます。顔を天井に向け、身体に力を入れないように。

腿を胸に近づける
両手で片方の膝を抱えるようにして、後ろ腿が伸びているのを感じながら、胸のほうへゆっくり引き寄せ10秒キープ。脚のつけ根に力が入らないようにします。顔は天井に向けたまま、もう一方の脚は膝を立てたままでOK。左右3回ずつ行います。

STEP 2

Lesson 3

両膝抱え
お尻と腿の後ろをストレッチ

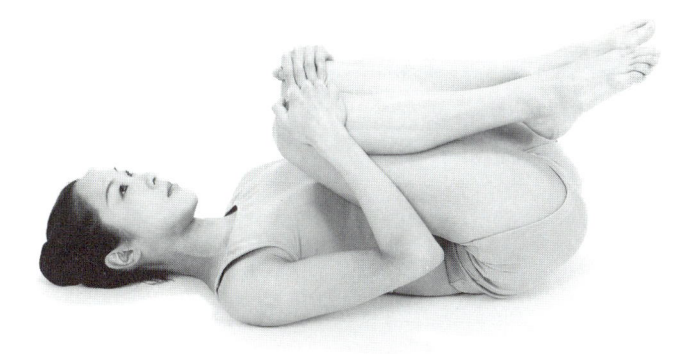

胸に両膝を近づけて
仰向けのまま、両手で両膝を抱えます。胸のほうに徐々に引き寄せて、お尻と腿の後ろを伸ばします。

エクササイズモデルはこの人！

山田海蜂（みほ）さん

元新体操選手。1992年バルセロナ五輪、1996年アトランタ五輪に出場。現在は、運動指導などを行いながら、テレビ、舞台、雑誌などで活躍中。

ウィークエンドエクササイズのページ（P66～P76）でも、エクササイズモデルをしていただきました。

| 丹田の腹筋 | Lesson 4 |

お腹の奥の筋肉を鍛える

STEP 1

片脚をゆっくり上げ下ろす

仰向けに寝て、背中をぴったり床につけ、両膝を軽く立てます。息を吐きながら、右脚の膝下が床と平行になるくらいまで骨盤が揺れないようにゆっくり上げ、下ろします。脚を上げるときは、丹田を意識して、脚のつけ根の腱で上げないように注意しましょう。

STEP 2

もう一方の脚も同様に

STEP1と同じように、左脚を行います。左右4回ずつ繰り返しましょう。

STEP 3

両脚一緒にアップ&ダウン

STEP2が終わったら、骨盤を揺らさないように、下腹の奥の腹筋を使って、両脚を一緒にゆっくり上げ、下ろします。ウエストの後ろが床から離れてしまってはダメ。片脚のときよりも丹田をより強く意識して、脚のつけ根の腱で上げないように注意しましょう。

28

ア・ラ・スゴンドのストレッチ

脚の後ろを伸ばすストレッチ

Lesson 5

STEP 1

身体を1本の棒にする

ア・ラ・スゴンドとはバレエ用語で、片足を横に出すという意味があります。まず、右体側を下にして、左手で軽く床を押さえます。身体を1本の棒にするイメージで。

STEP 2

つけ根を脱力、膝を曲げる

左脚のつけ根の力を抜いて、膝頭が天井に向くように膝を曲げます。右脚は直角に折ってバランスをとります。

これはNG!!

腰が後ろに落ちてはダメ

片脚を上げたときに、腰が反ってしまいお尻が出てしまうのは、腹筋が弱い人。下腹で脚を上げるイメージを持つとスムーズに。

×

頭のほうから見ると…

○

STEP 3

片脚をかかとから上げるように

左脚のかかとを引っ張りあげるように、まっすぐ上に伸ばします。脚のつけ根の力は抜いたままで。伸ばした脚は、STEP 2の形に戻してからSTEP 1の姿勢に。左体側を下にして、逆も同じように行います。

だるま腹筋

下腹の奥にある筋肉で起き上がる

Lesson 6

力を抜いて膝を抱える
STEP 1

仰向けに寝て、顔はまっすぐ上を向き、両膝を抱えます。このとき、脚のつけ根の力を抜いて。

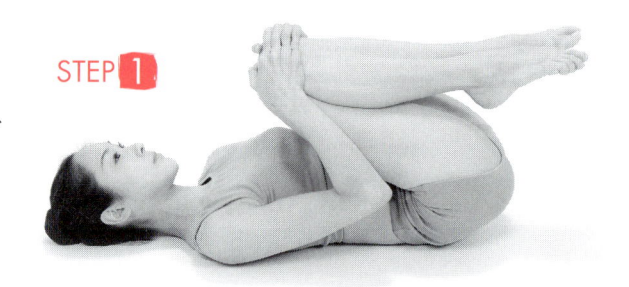

骨盤を床に押し付ける
STEP 2

膝から前に引っ張られるようなイメージで、少しずつ起き上がります。腕が伸びきったところで、丹田を意識して上体を起こします。骨盤を平らにして、下へ押し付ける感じで。みぞおちや首に力を入れないこと。尾てい骨が床にあたって痛いようなら、ウエストの後ろに棒状に巻いたタオルを置いてください。

腰を立て、上体を起こす
STEP 3

エネルギーが丹田から骨盤と背骨の内側を通っていく感じをイメージします。腰を立てて上体を起こしていきます。

丹田を意識し、背中を丸める
STEP 4

顔が膝につくくらいまで背中を丸めます。丹田を意識し、背中を丸くしたままSTEP 3からSTEP 2、STEP 1へと戻ります。

腹筋に不安がある人は

だるま腹筋がつらい人、できない人は、「プレだるま腹筋」からトライ！

① 両膝を曲げて座り、身体を丸く縮めます。

② 丹田を意識しながら上体をやや後ろに傾けそのままキープ。

30

| 脚裏伸ばし | **Lesson 7** |

後ろ腿からふくらはぎのストレッチ

STEP 1

タオルを足の裏に固定します

壁に背をつけて座り、膝を曲げて、タオルを土踏まずのところにかけます。

STEP 2

タオルを手前に引く

そのまま脚をまっすぐに伸ばし、両手でタオルを引き、脚裏全体を伸ばします。左右2回ずつ行います。

| ブラブラ股関節 | **Lesson 8** |

脚のつけ根を動かし、筋肉をほぐす

STEP 1

脚のつけ根を意識して

壁に背をつけて、両脚を伸ばして座り、手を脚のつけ根にあてます。脚のつけ根の骨を内側にまわして、内腿をギュッと締めます。

STEP 2

脚のつけ根の力を抜く

内側に締めた力を抜いてリラックスすると、自然に股関節が外側にまわります。STEP 1とSTEP 2を1セットとして、これを4セット行います。

BとCタイプのレギュラーエクサ。Aタイプは次のステップへ

プラス4つのエクサで丹田力とストレッチ度アップ

ミディアムコース

ベーシックコースよりもやや腹筋力や柔軟性が必要となる、4つのエクササイズを加えたものがミディアムコース。エクササイズの時間をたった5分間増やすだけで、丹田力のアップと腿の裏側のストレッチ強化に。くびれなしのウエスト太りやパンパンに張った太腿太りの解消をしっかりヘルプ！

両脚スローダウン
丹田力をつけてガードルいらずのお腹に

Lesson 9

両脚を上にまっすぐ伸ばす
仰向けになって、両脚を揃えてまっすぐ上に伸ばします。尾てい骨が床にあたって痛いようなら、ウエストの後ろに棒状に巻いたタオルを置いてください。

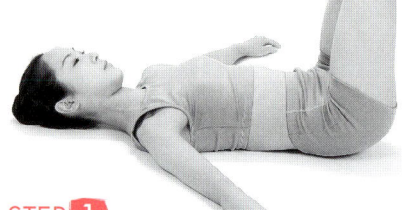

STEP 1

膝を曲げてゆっくりダウン
膝を少し曲げて、丹田を意識しながら、両脚とも一緒にゆっくり床まで下ろしていきます。

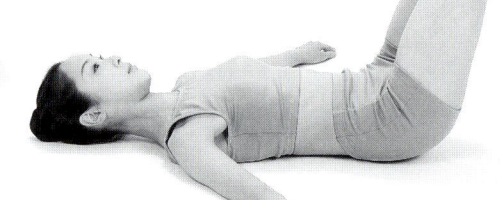

STEP 2

これはNG!!

ウエストが浮かないように
両脚を下ろすときに、ウエストが浮かないように気をつけて。腹筋が弱いと、腿や脚のつけ根でキープしようとするために、ウエストが浮いてしまいます。

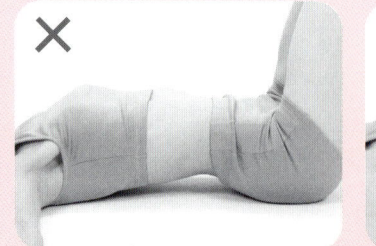

× ○

横から見たところ

片脚ずつの前ストレッチ　　　　　Lesson 10
太腿の裏の筋肉をストレッチ。まっすぐな脚に

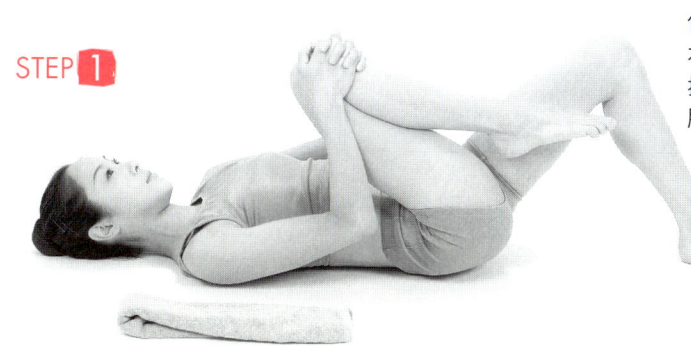

STEP 1

関節を折りたたむように
仰向けに寝て、左脚は膝を曲げて立て、右脚はつけ根の力を抜き、両手で膝を抱えます。このとき膝は、できるだけ胸に近づけるように。

タオルを足にひっかけて
右足の裏にタオルをひっかけ、膝を曲げないように右脚を上に伸ばします。左手で右腿を軽く押して、右手でタオルを引きます。

STEP 2

膝裏からかかとを伸ばす
タオルを引き、膝の裏からかかとまでを伸ばします。無理をせず、脚が気持ちよく伸びる位置をみつけて。左脚も同じように行います。

STEP 3

腹背筋から正座ブレイク＆前腿ストレッチ　　Lesson 11

背中とお腹、脇のもったり感を解消します

STEP 1

背骨から首までを1本のラインに

うつぶせになり、両肘をつき、骨盤から背骨、頸椎（首の骨）、つむじまでが、1本の斜めの直線になるようにして8秒間キープ。肘は真下に押し、腕と脇の下は直角に保ちます。丹田から背骨に沿ってエネルギーが上昇するように意識して。つらい人は腕をつけてトライ。

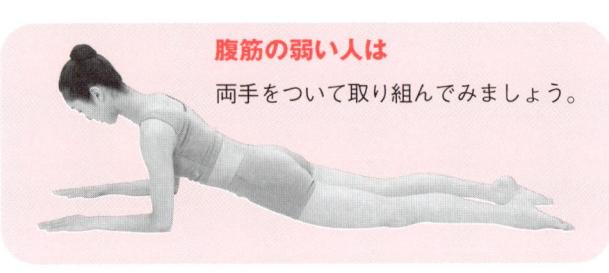

腹筋の弱い人は
両手をついて取り組んでみましょう。

STEP 2

正座でブレイク

正座して、頭を床につけます。腕は力を抜いて床にたらし、腰と背中を伸ばします。

STEP 3

膝は床につけて

正座をして、上体を後ろに倒し腰から膝までをまっすぐにして、前腿を伸ばします。

これはNG!!

腰が折れないように

腰が折れてしまうのは間違った姿勢です。腹筋が弱いとこうした姿勢になりがち。背骨がつまって、腰を痛める原因になるので気をつけましょう。

横から見たところ

足裏合わせ-膝割り第二ポジション

ヤワヤワ股関節をつくります

Lesson 12

STEP 1

背筋がすーっと伸びた姿勢に

床に座って、左右の足の裏を合わせます。ウエストの後ろを立てて、背筋を伸ばして手は軽く足に添えます。

STEP 2

丹田を感じながらゆっくり呼吸

上体を前に倒し、脚のつけ根の力を抜いて、丹田に向かって息を吐いて、上体をリラックスします。30秒このままの姿勢をキープします。

STEP 3

太腿の裏を伸ばしてキープ

上体はそのままの姿勢で、膝下から脚を開き、膝とかかとを起こします。このとき、太腿と脚のつけ根に力が入らないように。太腿の後ろ側が伸びるのを感じながら、30秒このままで。

アドバンスコース

これができれば、もうすぐプチプリマの身体
思いのまま身体を動かせるしなやかさをゲット！

アドバンスコースまでくれば、バレリーナボディまでそう遠くはないはず。ちょっときついかなと思ったら、ミディアムコースにもどって、再度の挑戦！　アドバンスコースまでやって全18レッスンが完了です。レッスン1からレッスン18までは、特定の関節や筋肉を痛めることのないように、順番を考えてつくられたもの。着実にステップアップしていけば、身体の引き締め効果も倍増します。

Lesson 13

床の開脚
股関節の動きをよくするストレッチ

STEP 1

お尻の骨で立つ感じで
床に座って左右の脚を大きく開きます。お尻の2本の骨を立て、背骨をまっすぐに整え、下腹で上体を支えるような意識で。脚のつけ根に力が入らないように気をつけて！

体側を伸ばします
頭と上半身の力を抜いて、その重みを利用して、上体を右に倒します。脇の下からお尻にかけての体側の筋肉がストレッチされます。身体を横に倒すときは、腰が持ち上がらないように注意します。反対側も同様に。

STEP 2

これはNG!!

出っ尻、はと胸にならないように
胸が前に、お尻が後ろに飛び出ている、出っ尻、はと胸は悪い姿勢。腰をまっすぐに立てます。

× ○

横から見たところ

36

STEP 3 斜めに前屈します

背中に丸みをもたせたまま、頭と上体の重みを利用して、右脚のほうへ上体を倒します。脚とお腹の間にボールをはさんでいる感じで、背骨をねじらないように注意します。反対側も同じように。

腿の後ろを感じながら STEP 4

股関節まわりに力が入らないように、脚のつけ根から上体を前に倒します。腿裏の筋肉が上体の重みでストレッチされます。息をゆっくり丹田に向かって吐きます。

身体が硬い人は？

背中を壁に沿わせて。ボールをつかってもOK

腹筋が弱かったり、股関節が硬い人は、腰が後ろに倒れてしまいがち。平らな壁に背中を沿わせて背骨をまっすぐに伸ばすと、腰が立つという感じがつかめます。壁と背中の間に、ゴムボールをはさんでもいいでしょう。

STEP 5 つけ根を折るイメージで

胸までつくのがベスト！　胸を前に出して床につけようとしないで、脚のつけ根を折るという意識で。

うつぶせデリエール

膝の裏をしっかり伸ばす

Lesson 14

STEP 1

STEP 2

重心は両脚のまん中に

デリエールとはフランス語で「後方へ」という意味があります。
まず、右膝を曲げてあぐら状態にし、左脚を後ろへ伸ばします。両方の股関節を同じ開き具合にして、背中をまっすぐにしてください。

上体をうつぶせにして

左脚のつけ根を外向きにして、かかとを十分引っ張るようにして、膝の裏を伸ばします。反対の脚も同じように。

四つんばいデリエールストレッチ

脚を後ろに上げ、腹背筋と脇の力をつける

Lesson 15

STEP 1

手の置きどころは正確に

両手は肩幅に開いてつき、両膝をつけて四つんばいからスタート。手のひらは、肩より前に出たり、後ろにならないように床につきます。太腿は床と垂直になる状態にします。

STEP 2

背筋と背中のストレッチ

左脚の膝をゆっくりと頭のほうへ引きつけ、額につけます。身体が硬くて、膝と額がつかない場合は、自分のできる範囲でOK。

STEP 3

上体を起こして顔あげ

額につけた左脚を、膝を曲げたまま膝頭を横向きにして後ろへかかえます。

STEP 4

つま先から頭頂までが弓状ラインに

左脚をまっすぐに伸ばします。膝の裏からかかとを引っ張るようにするのがコツ。肘を曲げずに、この姿勢を8秒保ちます。右脚も同じように行い、左右1セットとして2セット行います。

これはNG!!

お腹、肘、脚の上げ方に注意！

脚を後ろに上げたときに身体の外側に外れてしまったり、お腹が下がり、肩が上がってしまうのは正しいポーズではありません。肘を曲げないように注意しましょう。

正面から見たところ

| 正座ブレイク | Lesson 16 |

背中のリラックス＆ストレッチ

背中を丸めて脱力

正座をして、上体を前に倒します。脚のつけ根に力を入れないようにして。これで十分に背中のストレッチになっています。

| ヒールアップでドゥバン＆ア・ラ・スゴンド | Lesson 17 |

お腹、背中、脚をバランスよく鍛える

STEP 1

ウエストの後ろをまっすぐ立てる

ドゥバンとア・ラ・スゴンドはそれぞれフランス語で、前者は「前方に」、後者は「横に」の意味があります。
膝を立て両足のつま先を合わせて座り、足の小指で床を押して、かかとを上げます。腰が後ろへ倒れないように。

これはNG!!

ウエストの後ろが丸くならないように

脚を開いて座ったときに、背中が後ろへ落ちないように気をつけて！ STEP 2、STEP 3 も同様です。

真横から見たところ

STEP 2 身体の前へ脚を上げる

脚のつけ根を折るような感じで、左手で左脚をつかみ、前方に脚を伸ばします。下腹で床を押して、ウエストの後ろを立てて、背筋を伸ばします。

身体が硬い人は？

壁を利用。ボールを使うとより楽にできます

股関節が硬いと、STEP1のポーズをするとき、腰が落ちて、背中が丸くなってしまいがちです。この場合は、背中を壁にあてて実践。これでもつらい人は、背中と壁の間にボールを入れて行うと、より楽にできます。

STEP 3 お尻をつけたままで

お尻を床につけたまま、左手で脚を横へ開いていきます。

仰向け腹式呼吸

Lesson 18
エネルギーを身体のすみずみに送る

STEP 1 深く息を吸う

全身をリラックス。口を閉じて、鼻から息を一息で吸って下腹を膨らませます。

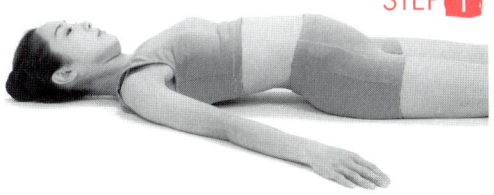

STEP 2 長く息を吐く

腹底へ向かってゆっくり少しずつ息を吐きます。下腹の奥の腹筋に空気を送り込むようなイメージで行うと、丹田にエネルギーが満ちてきて、全身へエネルギーを送ることができます。

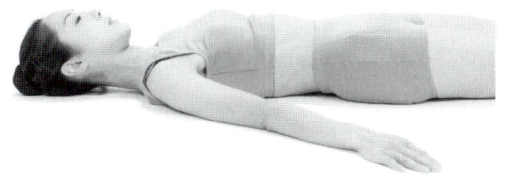

身 体のさまざまな不調の原因の一部は、冷えにあるといわれています。ファッションを楽しむためには、薄着も辞さないという女性は多いようですが、身体にとってはよいことではありません。実は冷えというのは、下腹の筋力の低下にもつながってしまうのです。

身体の中でも、お腹、くるぶし、首というのは、冷やしてはいけない3大部位です。お腹が冷えてしまうと、血行が悪くなり、筋肉が動くために必要な酸素が十分に運ばれなくなります。そうなると、下腹の筋肉もエネルギー不足で働きが悪くなり腹筋力が落ちるようです。

また、心臓から一番遠くにあるくるぶしまわりを冷やしてしまうと、血液の循環が悪くなり、全身の冷えにもつながるのではないかと考えられます。

ファッションは、自分を美しくみせるためのひとつの方法です。でも、へそ出しファッションやくるぶし丸出しのミュール姿では、実は、お腹も足首もヒエヒエ状態。腹筋が弱くて猫背の姿勢では、せっかくのおしゃれも台なしですよね。

> へそ出しや
> ミュールファッションで
> 腹筋が弱くなる!?

GOTO'S EYE

Part 2

**1日10分で
グッと引き締まる！**

弱点をなくして
360度キレイになる
ディテール別
エクササイズ

パート1のエクササイズに慣れたら、部分別ストレッチに挑戦！
腕、デコルテ、太腿、ウエスト、ヒップなど、気になるパーツを
キュッと引き締めて、メリハリボディづくりを助けます。

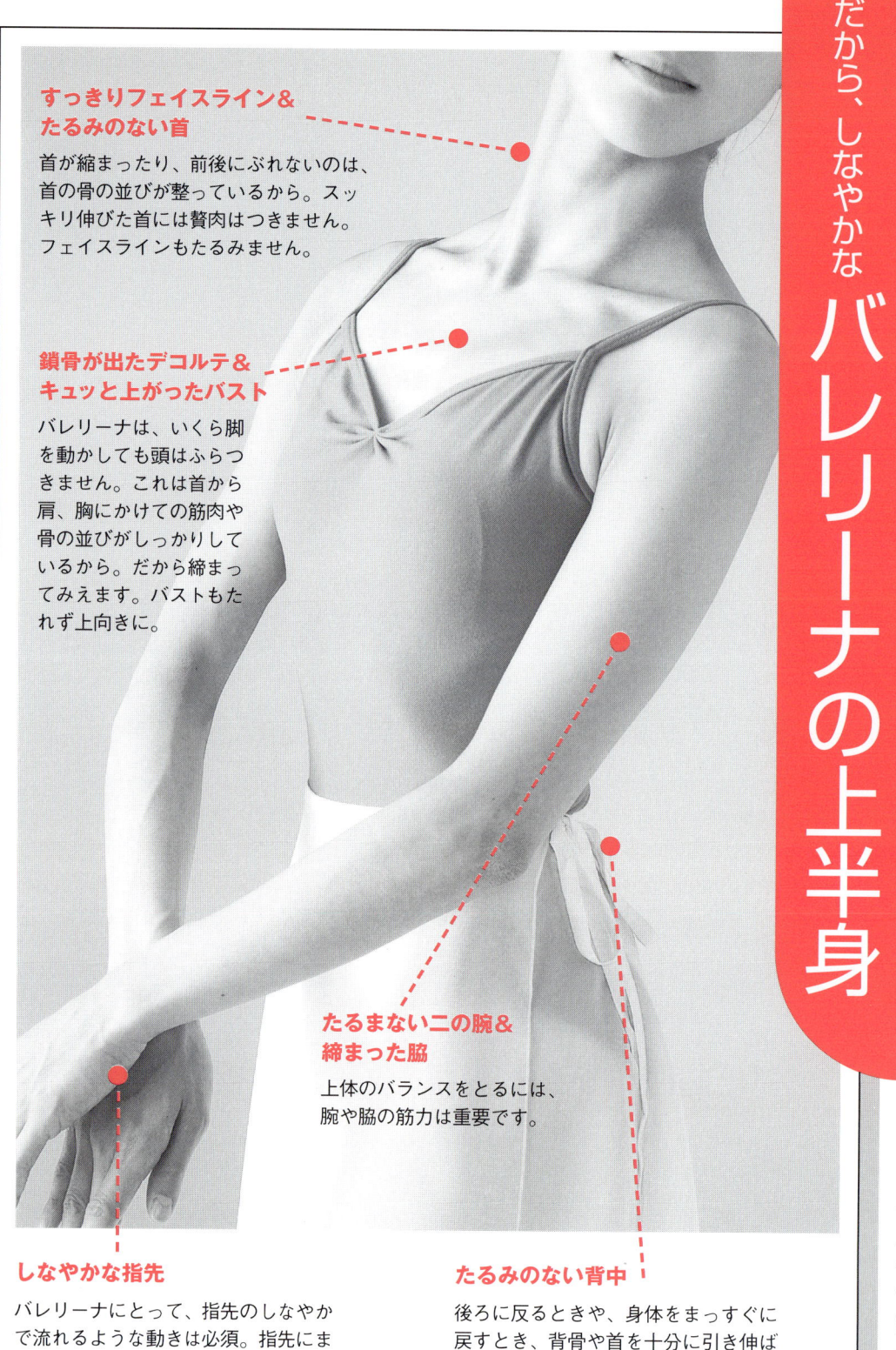

理由がわかれば、鍛え方がわかる ①
だから、しなやかな バレリーナの上半身

バレリーナの上半身は、やわらかいのにたるんでいません。余分な肉のないキレイな上半身を手に入れるための、ポイントエクササイズを一挙公開！

すっきりフェイスライン＆たるみのない首
首が縮まったり、前後にぶれないのは、首の骨の並びが整っているから。スッキリ伸びた首には贅肉はつきません。フェイスラインもたるみません。

鎖骨が出たデコルテ＆キュッと上がったバスト
バレリーナは、いくら脚を動かしても頭はふらつきません。これは首から肩、胸にかけての筋肉や骨の並びがしっかりしているから。だから締まってみえます。バストもたれず上向きに。

たるまない二の腕＆締まった脇
上体のバランスをとるには、腕や脇の筋力は重要です。

しなやかな指先
バレリーナにとって、指先のしなやかで流れるような動きは必須。指先にまで神経を行き届かせる訓練ができているから、指先の細やかな動きも美しくみえます。

たるみのない背中
後ろに反るときや、身体をまっすぐに戻すとき、背骨や首を十分に引き伸ばすときに使うのが背筋です。背筋の力が働いているから、だらしない背中にはなりません。

44

ノースリーブが似合う
メリハリ二の腕を目指す！

二の腕の筋肉を使うことは意外と少ないもの。使わないとたちまちゆるんでしまう二の腕を、意識してシェイプアップ！

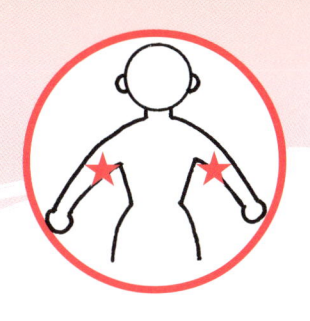

ドゥージエーム・ポジションのアームス
締まりのない**二の腕**をキュッキュッ！

腕の曲線をキープするのがコツ

ドゥージエームとはフランス語で、「第二の」という意味。両腕を横に広げたポジションのことです。
①両肘をやや曲げ、両手を身体の前にセットアップ。大きなボールをみぞおちのあたりに抱えているイメージで用意します。
②肩の力を抜いて、そのまま両腕を横に広げていきます。肩から指先にかけての腕の曲線は崩さないように。手のひらは前に向けてください。二の腕がぞうきんを絞っているような感じになります。

これはNG!!
肘が下がってはダメ！
両手を広げたときに、肘が下がり、肩が上がらないように。これでは二の腕には効きません。

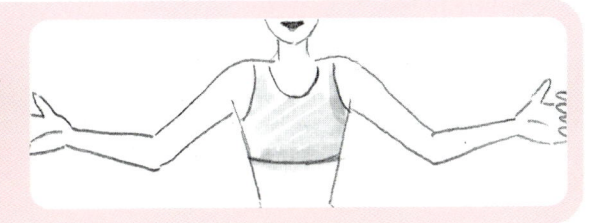

ズンドーな
二の腕のラインを変える！

壁やタオルなどを使って二の腕のシルエットをきれいに！

壁押し
腕のストレッチ

1

2

壁全体を押すように

①壁と腕は直角になるように。
②指先を下に向け、手のひらを壁に押し当て20秒キープ。腕は壁に対して直角になるように。次に指先を上にして同様に行います。

ボール腕はさみ
二の腕の内側を鍛える

意識は腕の内側に

上腕にボールをはさみ、両腕を内側に押し合います。

プル・アーム・アゲンスト
上腕をほっそりさせる

両腕を上下に伸ばす

タオルが背骨と平行になるようにし、腕で上と下へ引っ張り合います。両腕を上下に伸ばしていく感じで行いましょう。

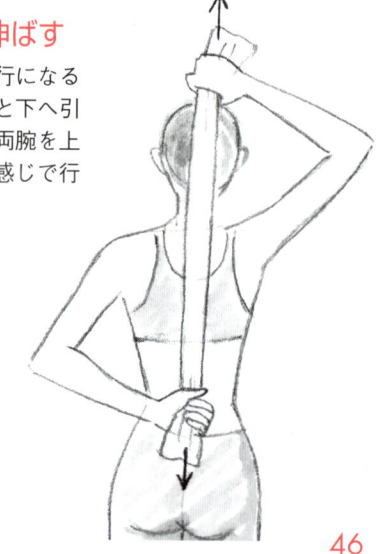

46

脇だって見逃さず、しっかりシェイプ！

上半身のダイエットでみすごしがちな脇は
このエクササイズで対応！

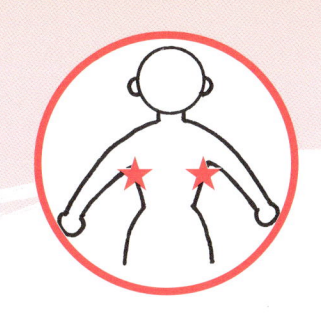

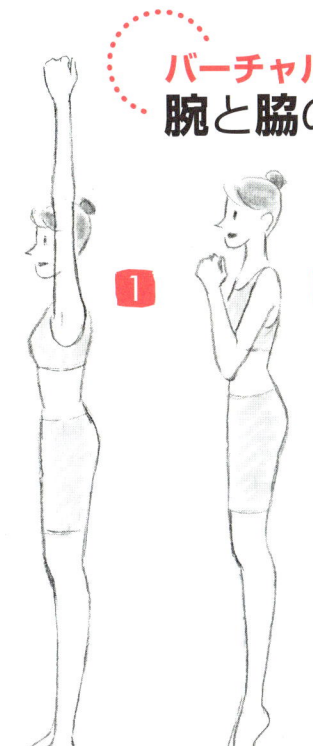

バーチャル懸垂
腕と脇の引き締め

鉄棒で懸垂をする
イメージで

①鉄棒に逆手持ちでぶら
さがっているイメージで、
両腕を上に伸ばします。
②両脇を締めるようにし
て、両足のかかとを上げ
ながら、両腕を肩の高さ
まで下げていきます。こ
のとき、背筋を伸ばすこ
とに注意してください。

ウエイトアップ
すっきり脇をつくる

背骨で上体を起こす

①両脚を肩幅に開き、重さのある本など
を持って上体を前に倒します。
②下腹から背骨をひとつずつつみあげて
いくイメージで、少しずつ上体を起こし
ていきます。脇の下を意識し、
背骨が伸びたら終了。腕の力で
本を持ち上げようとしないのが
コツ。これを4回繰り返します。

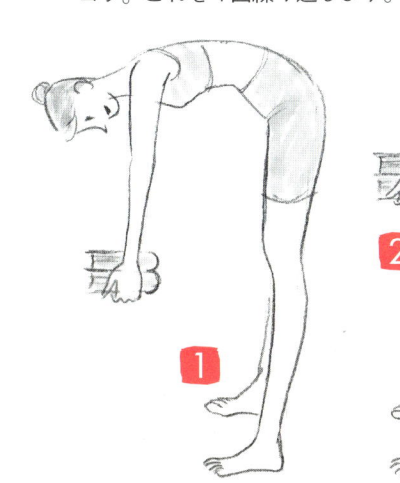

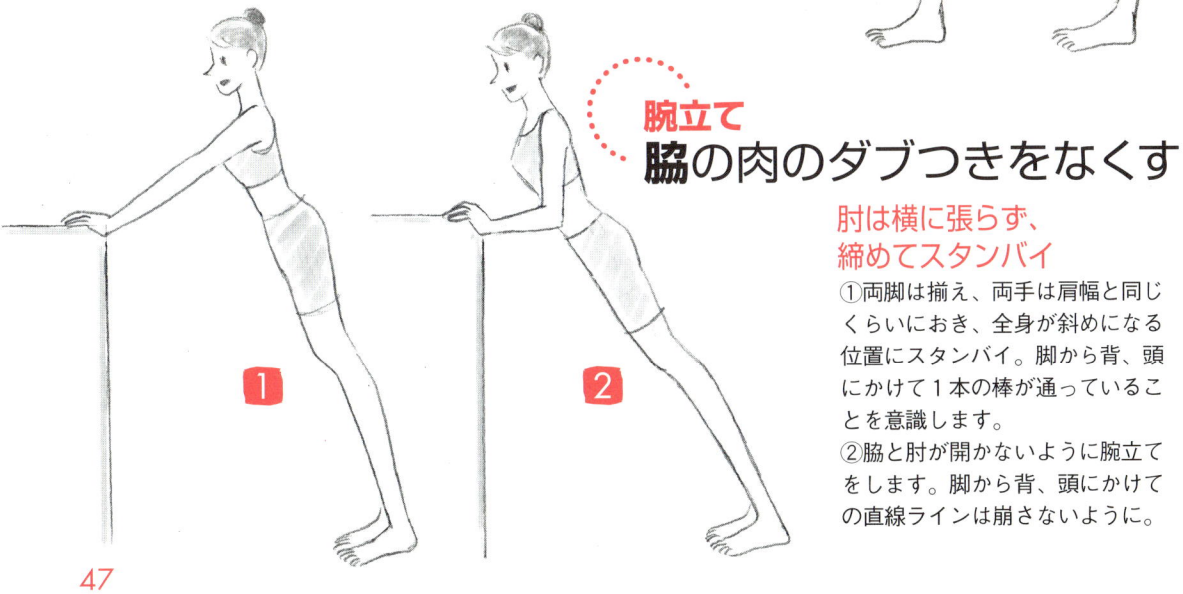

腕立て
脇の肉のダブつきをなくす

肘は横に張らず、
締めてスタンバイ

①両脚は揃え、両手は肩幅と同じ
くらいにおき、全身が斜めになる
位置にスタンバイ。脚から背、頭
にかけて1本の棒が通っているこ
とを意識します。
②脇と肘が開かないように腕立て
をします。脚から背、頭にかけて
の直線ラインは崩さないように。

47

ツンと上を向いた
ラブリーバストをつくる

バストをしっかり上げるには、
持ち上げる胸の筋肉をしっかり鍛えること！

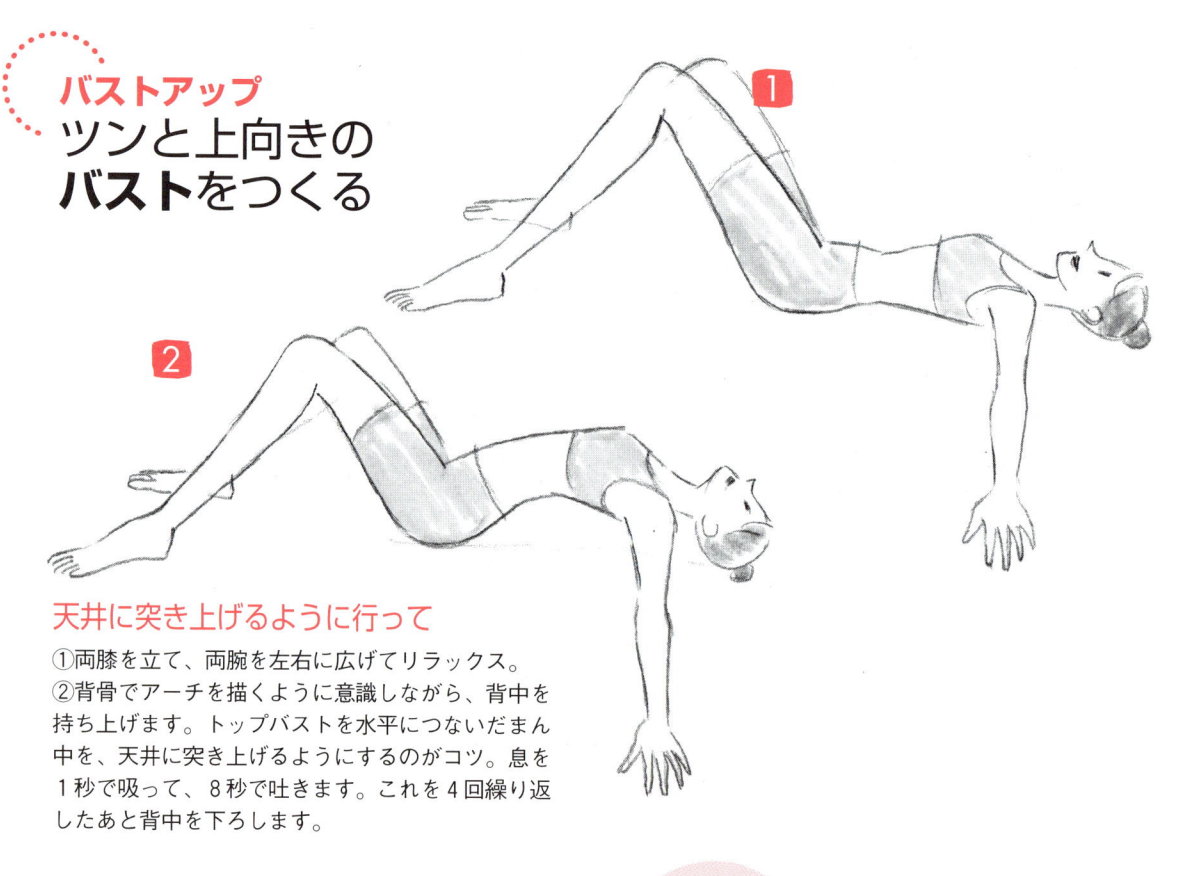

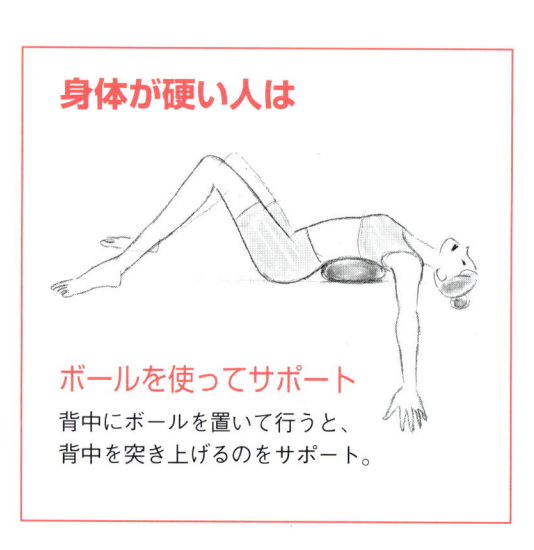

バストアップ
ツンと上向きの**バスト**をつくる

天井に突き上げるように行って

①両膝を立て、両腕を左右に広げてリラックス。
②背骨でアーチを描くように意識しながら、背中を持ち上げます。トップバストを水平につないだまん中を、天井に突き上げるようにするのがコツ。息を1秒で吸って、8秒で吐きます。これを4回繰り返したあと背中を下ろします。

身体が硬い人は

ボールを使ってサポート

背中にボールを置いて行うと、
背中を突き上げるのをサポート。

これはNG!!

腰や首だけを折り曲げない

背中を持ち上げるときにやりがちなのが、腰や首だけを折り曲げてしまうこと。この姿勢は、腰や首の骨を痛めてしまうことになるので注意して！

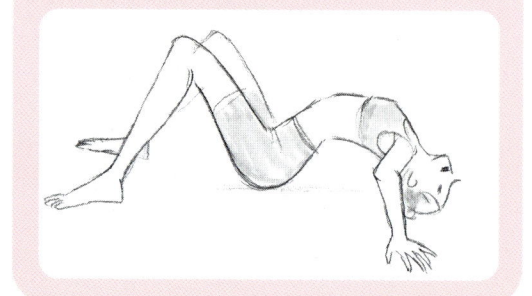

タオルプル
胸の筋肉を引き上げます

斜め上方へタオルを引っ張る

①タオルを背中にまわし、両手でタオルをしっかりと持ちます。
②斜め上方向に、脇を締めるようにしてタオルを引き上げ4秒キープし、もとの姿勢に戻ります。タオルを引き上げるとき、目線は引っ張り上げる方向を見ます。

これはNG!!

首の後ろを折らない

タオルを引き上げたときに、首の後ろを折らないように注意して。首を痛めてしまう原因にもなります。大きなボールに背中を沿わすようにイメージしてください。

バストストレッチ
胸の筋肉を
しっかりストレッチ

腕を大きく広げるように

タオルを持った両腕を、左右に引き10秒キープ。
左右に大きく広げることを意識します。

いつでも見せられる
しなやかな背中になる！

自分で直接みられない背中の存在は忘れがち！
のっぺりとした背中に美しい凹凸を

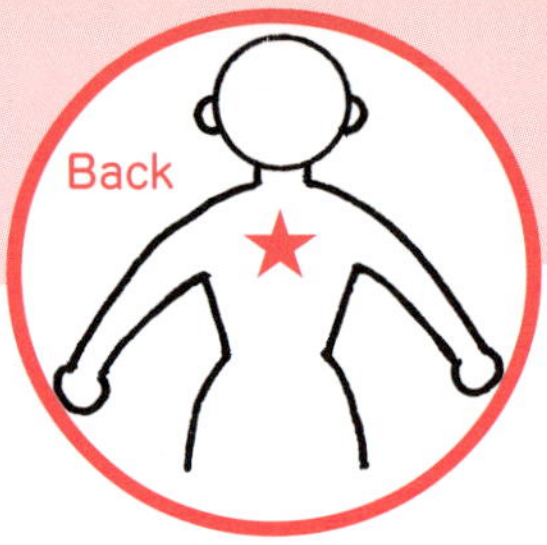

Back

天使の羽運動
ハリのある**背中**をつくる

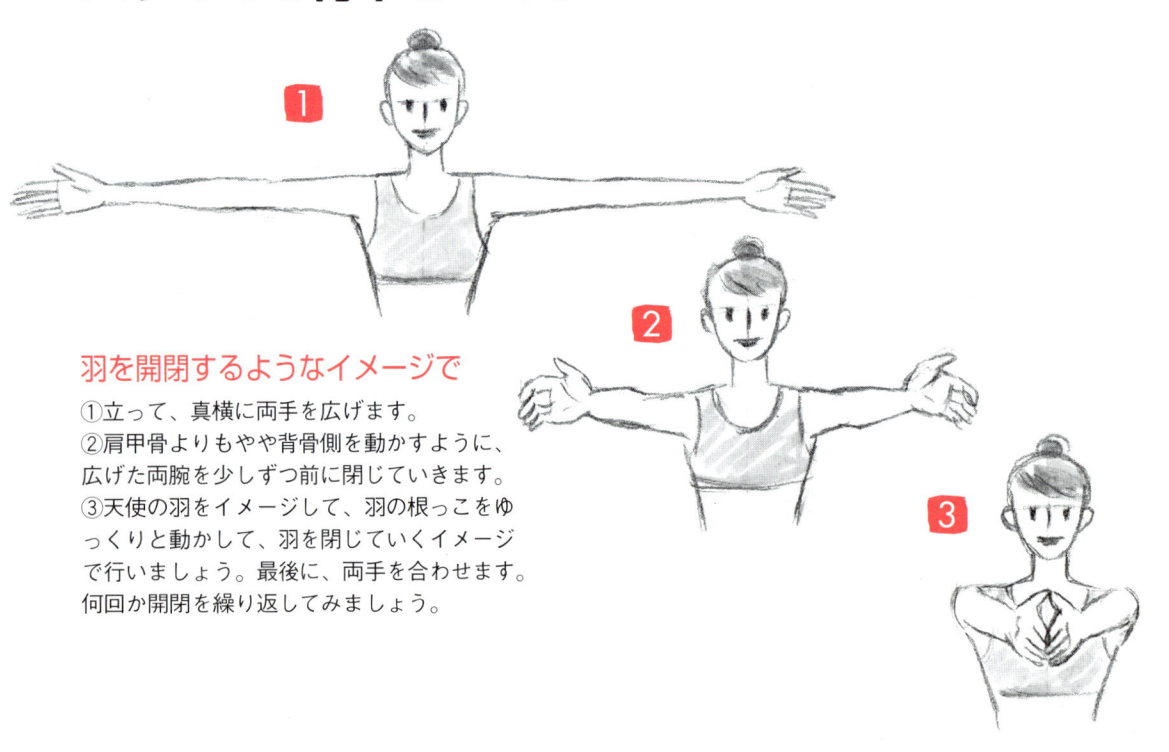

羽を開閉するようなイメージで

①立って、真横に両手を広げます。
②肩甲骨よりもやや背骨側を動かすように、広げた両腕を少しずつ前に閉じていきます。
③天使の羽をイメージして、羽の根っこをゆっくりと動かして、羽を閉じていくイメージで行いましょう。最後に、両手を合わせます。何回か開閉を繰り返してみましょう。

クロスアップ
もたつかない**背中**をつくる

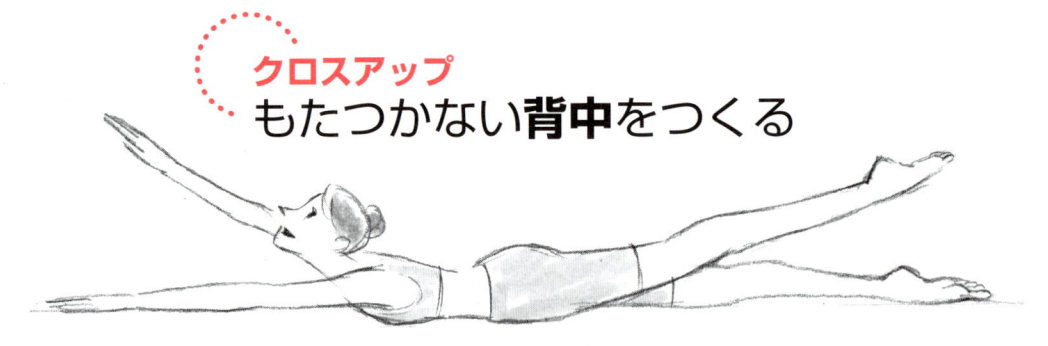

手脚を前後に伸ばす

うつぶせになって、右手と左脚を床から少し浮かせます。手は前に、脚は後ろに伸ばしていくような感じで。浮かせた状態で5秒キープ。手脚をもとに戻して背中をリラックスさせて、逆側も同じように。

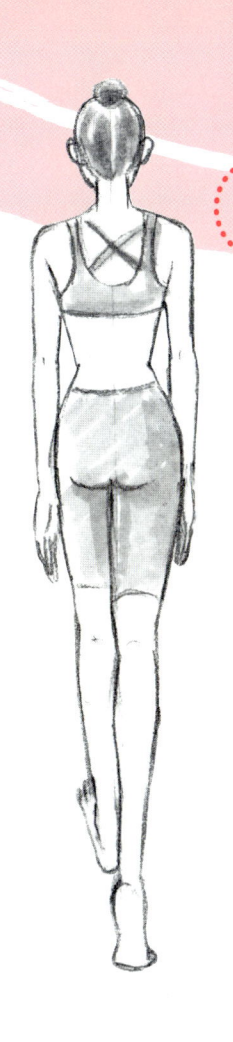

バックウォーク
ピンとした**背中**をつくる

背中でものを見るように
背中に目があることをイメージして、顔は前を向けてまっすぐ後ろに歩きます。自然と姿勢が良くなることが分かります。慣れてきたら、周囲に障害物がないことを確かめてから、目を閉じて行いましょう。

バックストレッチ
背中上部のストレッチ

みぞおちの力を抜いて
①全身をリラックスさせて立ちます。
②みぞおちの力を抜いて、頭の重みを利用して、上体は胸から上が丸くなるようにします。

Let's try!　タオルを使った背中エクササイズ

テレビを見ながらでも、入浴中でもできる、たるみのない背中をつくる運動です。

①タオルを持って両手を上げ、左右に引き合います。

②後ろ手に持ったタオルを、お尻の位置で左右に引き合います。

③タオルを背中にクロスさせて、斜め上と、斜め下に引き合います。

指先を美しくする
フィンガーエクササイズ

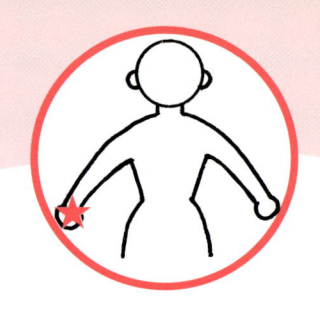

バレリーナのふるまいが優雅なのは、手足の指先まで神経が行き届いているから。指先のエクササイズで、こまめに動かせる筋肉づくりを！

バーチャルピアノ弾き・手指編
指の細やかな筋肉をほぐす

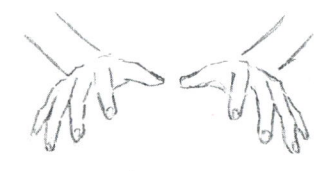

小指から弾いていく

ピアノの鍵盤を叩くように、小指から親指へ順番に動かしていきます。

ヒトデ運動
手のひらの筋肉をしなやかに

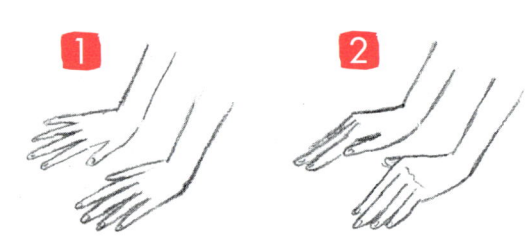

指先から中心へ動かす

①テーブルに手のひら全体をつけます。
②指先から動かして、手のひらの中心部分をアップ。身体を波打つように動かすヒトデの動きをイメージして行って。

タオルギャザリング
土踏まずを上げる運動

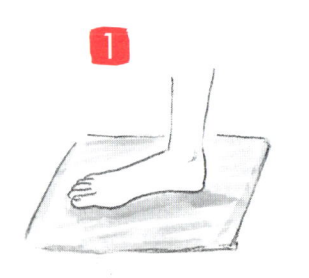

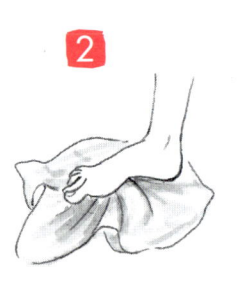

足の裏でギャザーづくり

①タオルを広げて足の下に敷きます。
②足指の裏でタオルを押し、土踏まずのあたりの筋肉を縮めるようにして、土踏まずのほうへたぐり寄せます。入浴中、濡れたタオルを使って行うとよりスムーズにできます。

バーチャルピアノ弾き・足指編
足先の筋肉をほぐす

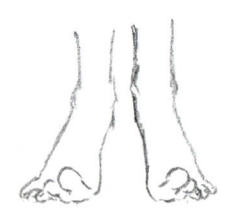

1本1本の指を意識して

かかとをつけて、ピアノの鍵盤を叩くように、小指から親指へ順番に、1本ずつ指を動かしてみましょう。

小顔に見せる
ネックエクササイズ

この運動で顔まわりをすっきりさせれば、
見た目の印象はガラリと変わります

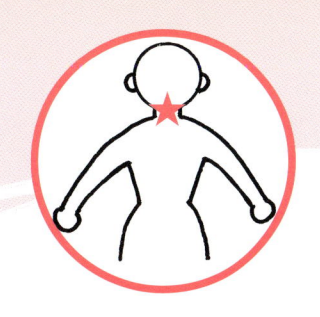

寝たまま首ストレッチ
左右の首の筋肉を伸ばす

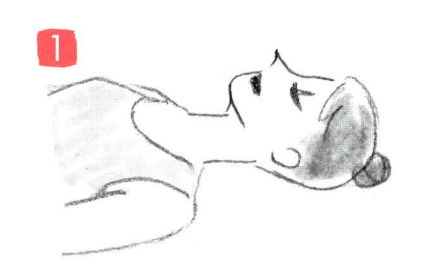

頭の重みを利用して
①仰向けになり、顔を上に向けます。
②頭の重みを利用して首を左側に倒してキープ。右側の首の筋肉を伸ばします。右側にも倒します。

どこでも首ストレッチ
首まわりの筋肉をほぐす

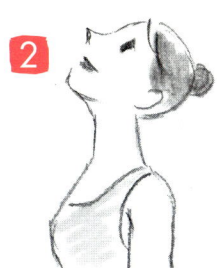

ソフトにストレッチ
①頭の重さを利用して、顔を前に倒して、首の後ろを伸ばします。
②斜め前方を見て、あごを引き上げ首の前の筋肉を伸ばします。首を後ろに深く折らないように。
③顔を右斜めに上げて、首の右側の筋肉を伸ばします。左も同様に行います。
④顔を左斜めに下げ右側の筋肉を伸ばします。右も同様に行います。

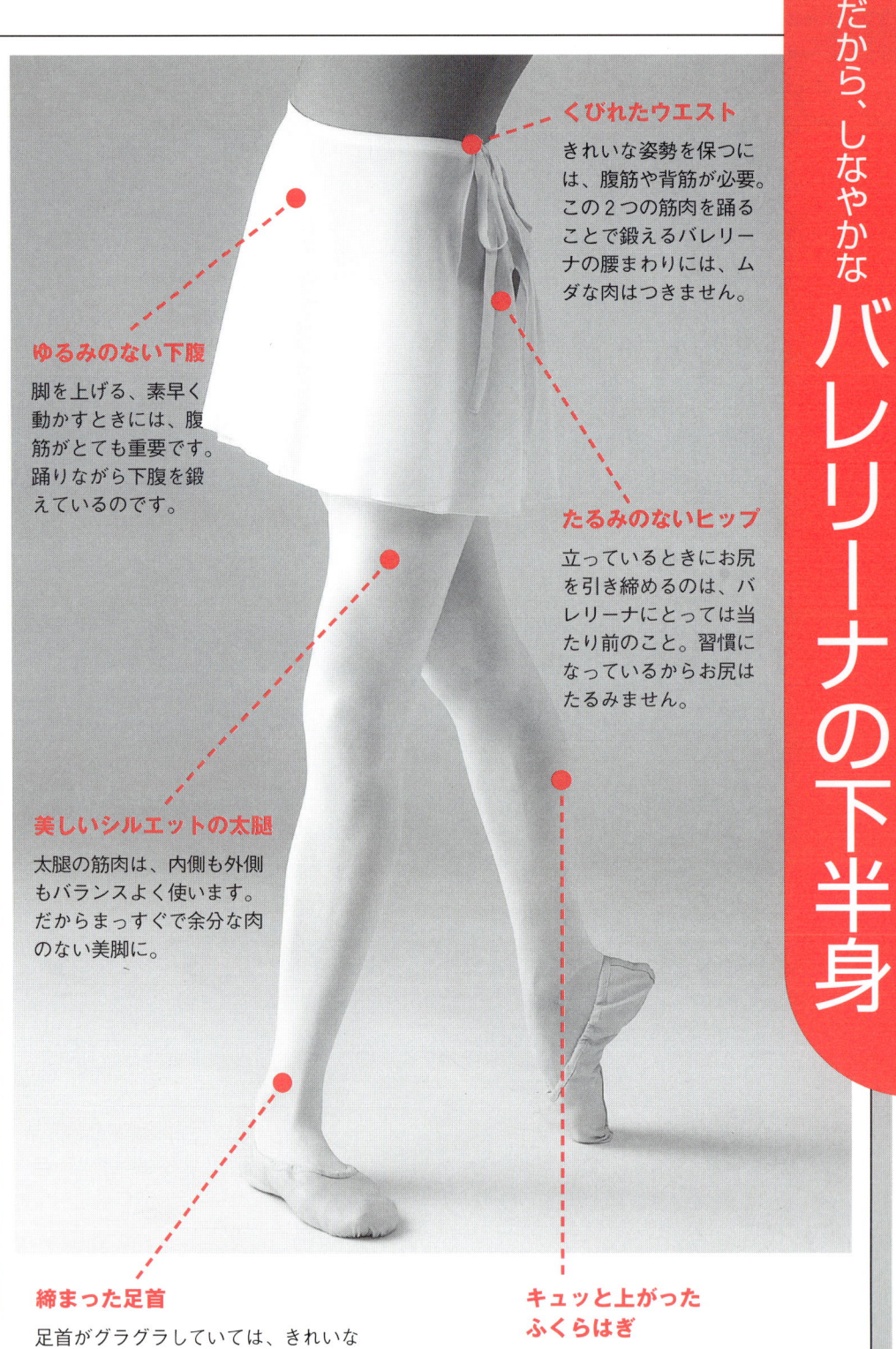

理由がわかれば、鍛え方がわかる ②
だから、しなやかな **バレリーナの下半身**

絞られた腰、引き締まったウエストやお尻、ほっそりとした脚。筋肉をまとっているはずなのに、ムキムキにならない下半身エクササイズを紹介します。

くびれたウエスト
きれいな姿勢を保つには、腹筋や背筋が必要。この2つの筋肉を踊ることで鍛えるバレリーナの腰まわりには、ムダな肉はつきません。

ゆるみのない下腹
脚を上げる、素早く動かすときには、腹筋がとても重要です。踊りながら下腹を鍛えているのです。

たるみのないヒップ
立っているときにお尻を引き締めるのは、バレリーナにとっては当たり前のこと。習慣になっているからお尻はたるみません。

美しいシルエットの太腿
太腿の筋肉は、内側も外側もバランスよく使います。だからまっすぐで余分な肉のない美脚に。

締まった足首
足首がグラグラしていては、きれいな着地やジャンプはできません。足首の筋肉や腱をしっかり鍛えているから美しい！

キュッと上がったふくらはぎ
つま先立ちは、ふくらはぎを鍛えます。踊りではいつもやっていることなので、自然と締まったふくらはぎになります。

お腹まわりを絞って
くびれウエストに！

お腹まわりのムダ肉を落として、
流線形のウエストを目指そう

スパイラル腹筋
丹田の**腹筋**を鍛える

骨盤は常に平らに保つ

①膝を立てて座り、ゆっくり上体を後ろに倒していきます。骨のひとつひとつがゆっくりと倒れていく感じをイメージして。
②左手で右の骨盤を押さえ、右のウエストを巻き込むように弧を描きながら、上体を後ろに倒します。骨盤を平らにし、下腹の奥に力を入れるようにします。
③床に背中を全部つけ、腹筋をリラックス。左も同様に。

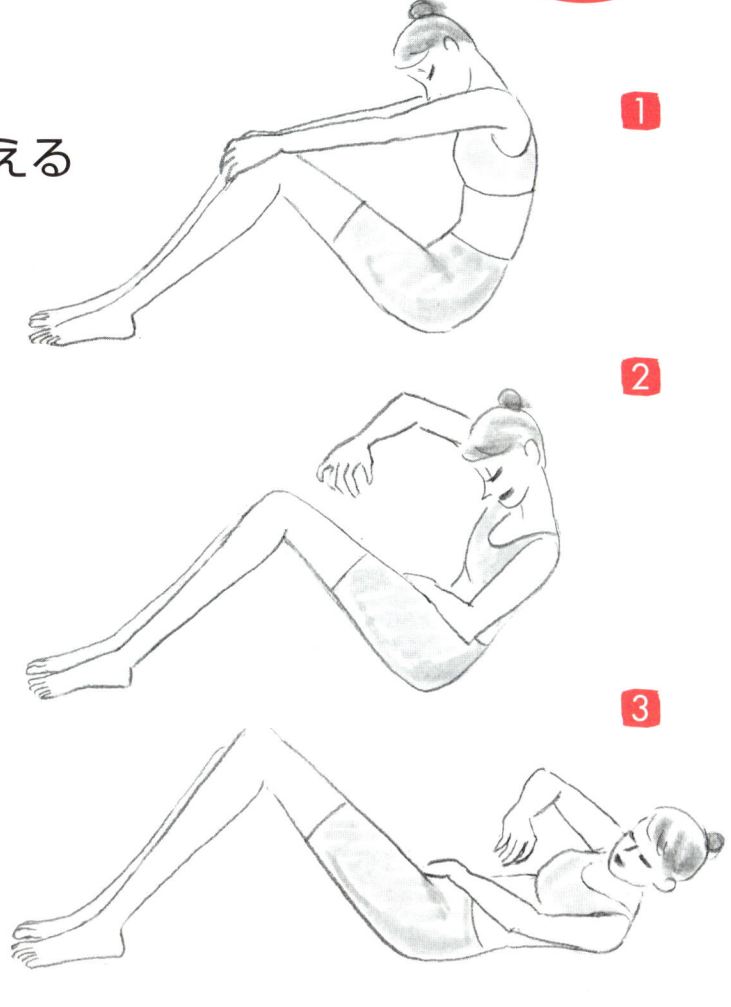

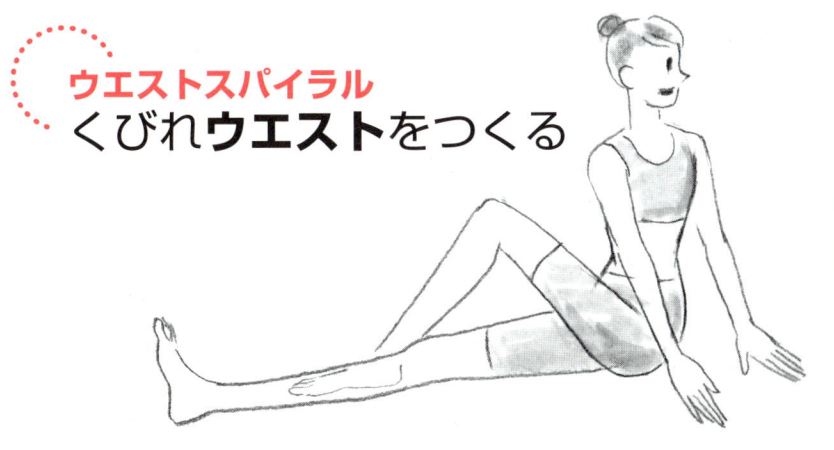

ウエストスパイラル
くびれ**ウエスト**をつくる

背筋をピンと伸ばして

脚をクロスして左の膝を立て、背骨は上に伸びるように意識して、両手を身体の左側におき、息を吐きながら20秒キープ。このとき顔が下を向かないように注意。逆側も同様に行います。

55

お腹まわりを絞って
くびれウエストに！

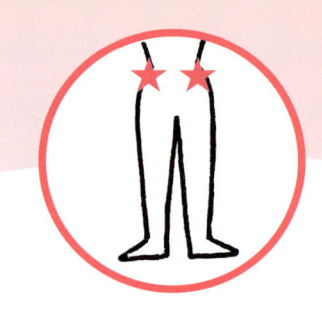

棒ころび
お腹まわりをギュッと絞る

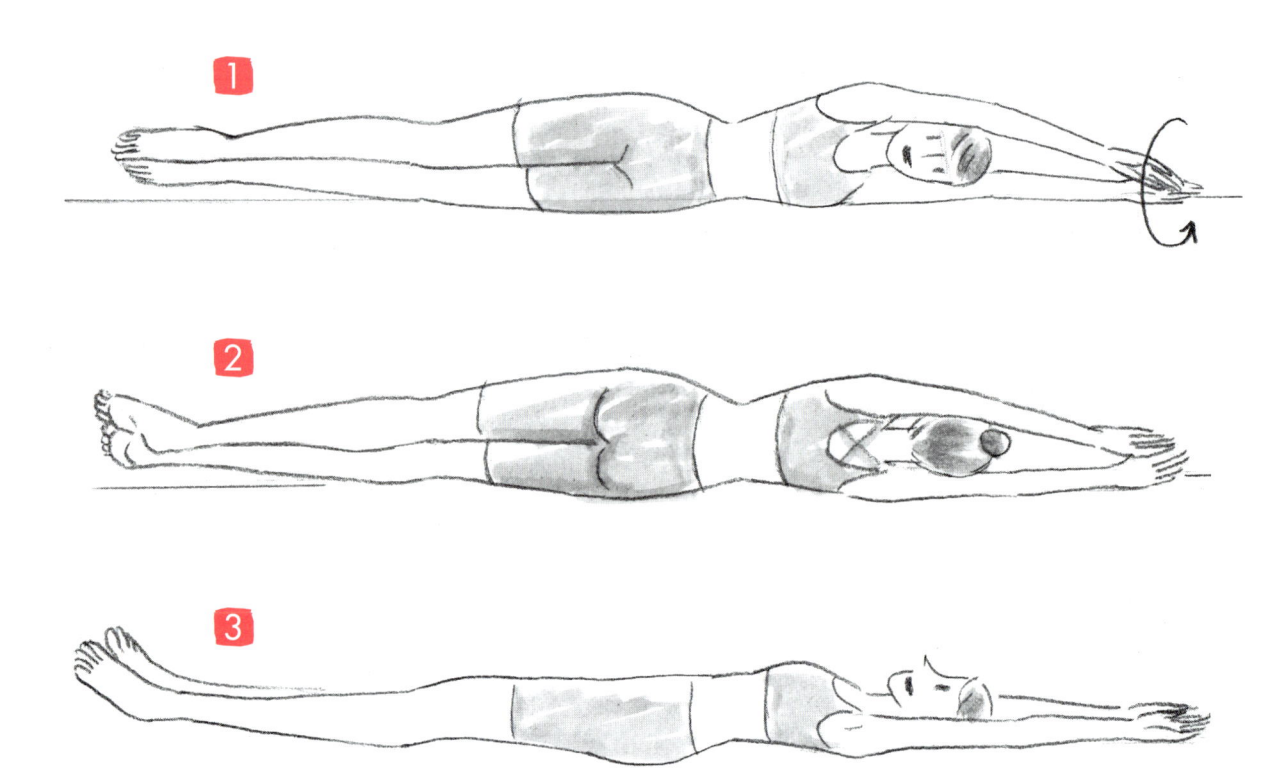

1

2

3

身体がねじれないように回転

①左体側を下にして、横向きに寝ます。身体をまっすぐに伸ばし、脚を床からやや離して15秒キープします。頭、首、背中、脚が一直線になるようにします。
②そのままの姿勢を保ちながら、身体を前に倒して回転を始めます。左右の脚つけ根を結ぶ直線ラインを崩さないように意識して身体を回していきます。
③1回転してもとの姿勢に戻ったら、仰向けになり全身をリラックスさせます。逆側も同様に。

さらにきれいなお腹まわりにする

"椅子エクササイズ"

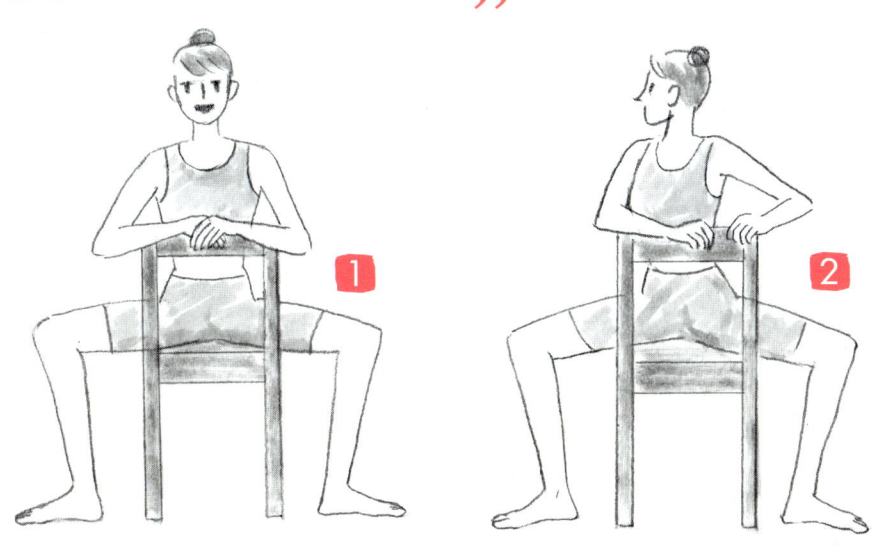

ねじらない！上に伸ばす！

①両脚を開いて、背もたれ向きに椅子に座ります。両手は背もたれに添えます。
②下腹から背骨を上に引き上げるようにしながら、螺旋状に上体を絞ります。反対側も同様に行います。

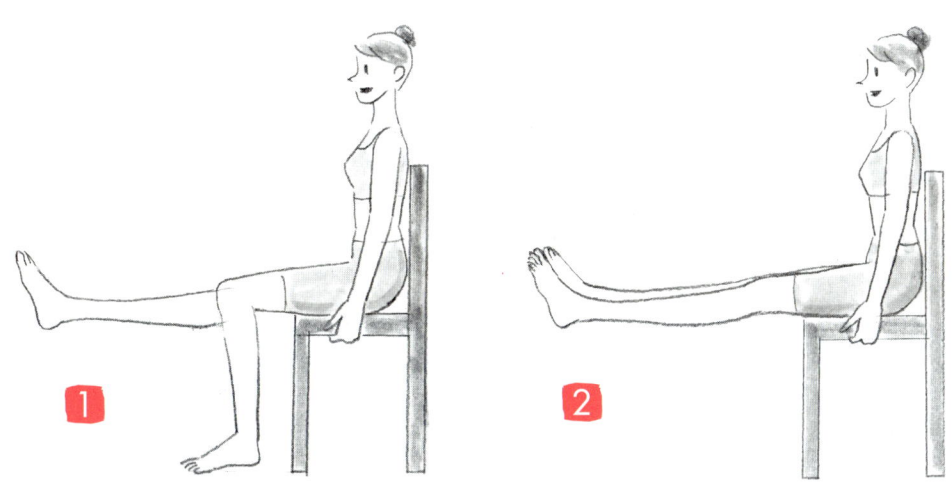

下腹の力で脚をアップ

①背もたれが座面と直角の椅子に座り、片脚を前に伸ばします。腿に力を入れるのではなく、下腹の奥に力を入れ持ち上げていくようなイメージで。
②①ができたら、両脚を前に伸ばします。このときも、前腿で持ち上げようとするのではなく、下腹の奥に力を入れて。足の裏で弧を描くように足を上げてみましょう。

パンツにピタッとおさまる小尻になりたい！

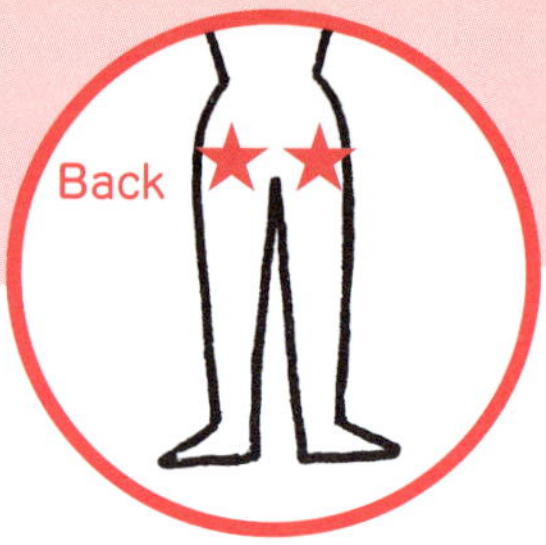

どっしり、もたつくお尻はいや！
たるまないお尻に変える**デイリーエクササイズ**です

Back

ヒップアップ
たれない**お尻**をつくる

尾てい骨から吊られる感じ

①仰向けになって両手を広げ、両膝を立てます。
②下腹の奥の力で、骨盤を持ち上げます。尾てい骨が天井から吊り上げられているイメージで。
③そのままの姿勢で、股関節を外側にまわすようにして両脚を開き、かかとを前に押し出してつま先も開きます。10秒キープして下ろします。両腿の真ん中に腰が入るようにするのがコツ。

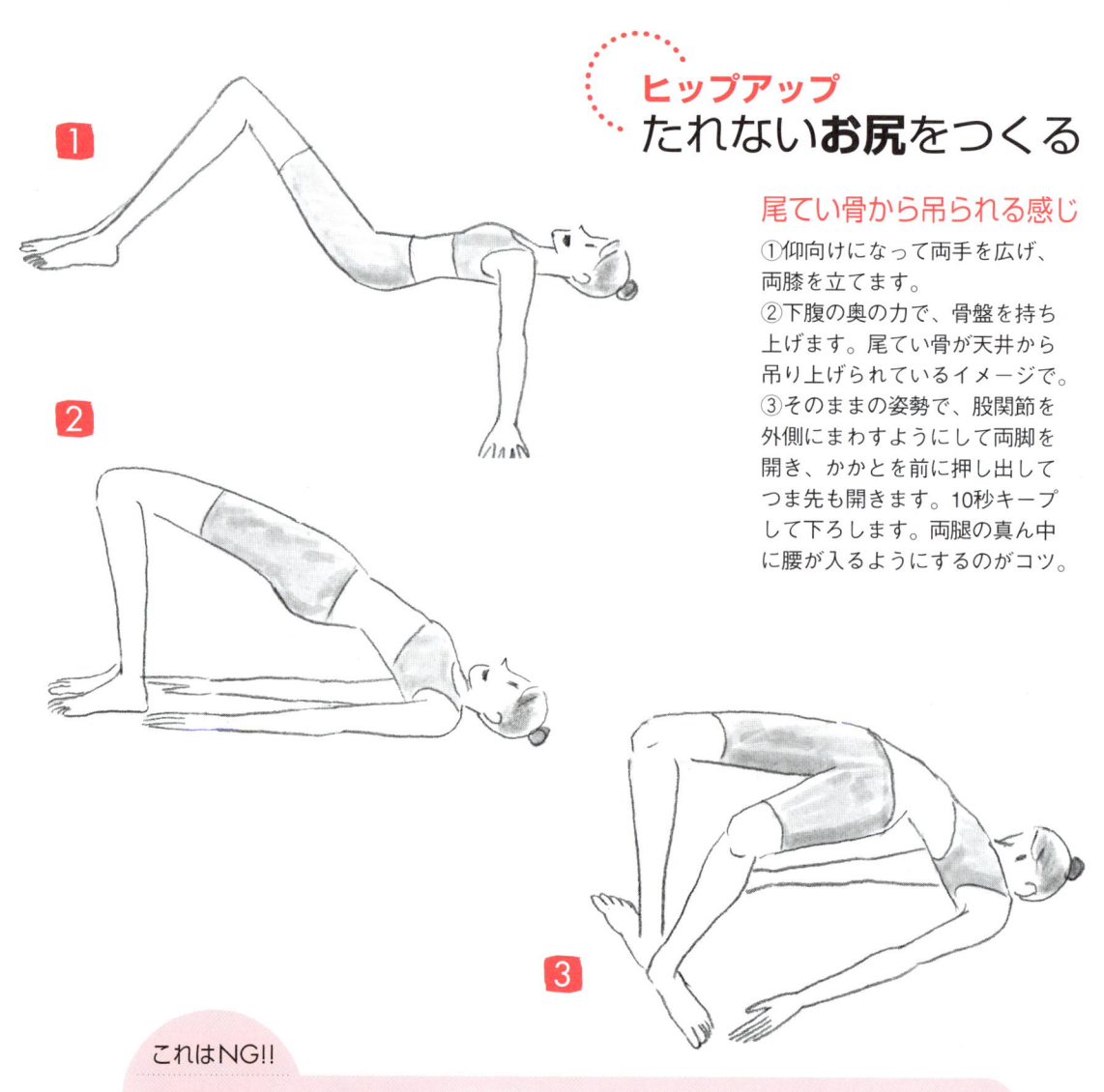

これはNG!!

骨盤が下がってはダメ
両脚を開いたとき、下腹を意識しないと骨盤が下がってしまいます。

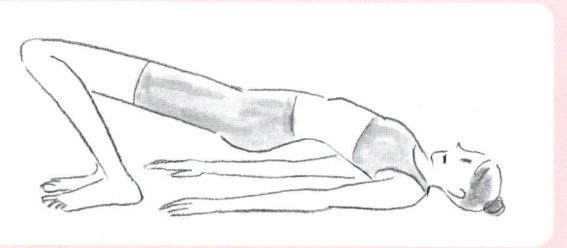

お尻叩き
お尻の筋肉をリラックス

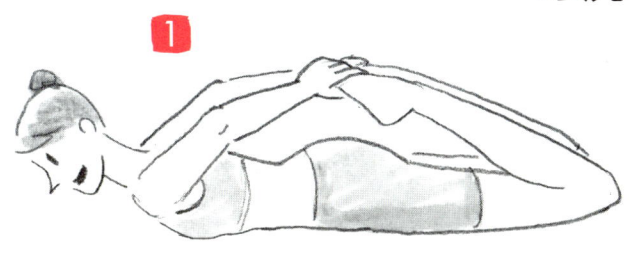

かかとでヒップ叩き

①うつぶせになり、骨盤の幅に膝を揃え、膝を曲げて両手でつま先を持ちます。前腿がストレッチされます。
②うつぶせになり、左右のかかとでお尻を軽く交互に叩きます。膝の裏側の力を抜くとスムーズに行えます。

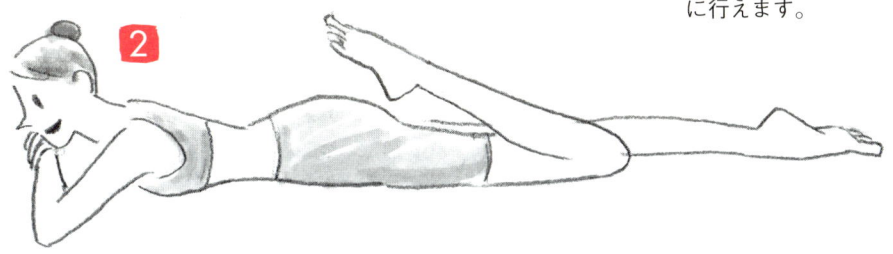

ながらヒップアップ
通勤途中でもできる**お尻**の引き締め

かかとを前へ、股関節を外側へ

①肩幅くらいに脚を開き、つま先を前にして立ちます。
②軽くかかとを浮かせて、前へ移動させ、かかとを床におろします。このとき、股関節を外側にまわすようにするとお尻がさらに締まります。そのまま10秒保ちます。立っているときならいつでもできるエクササイズです。

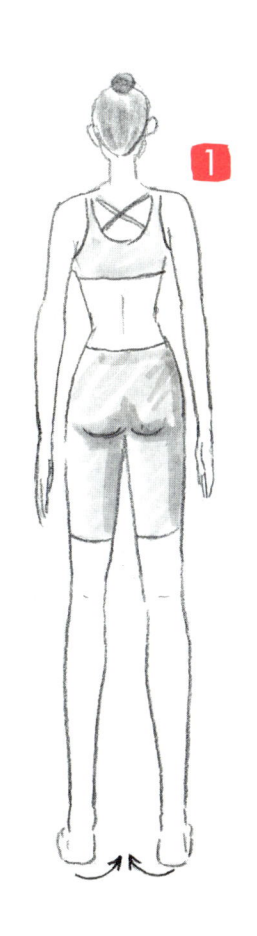

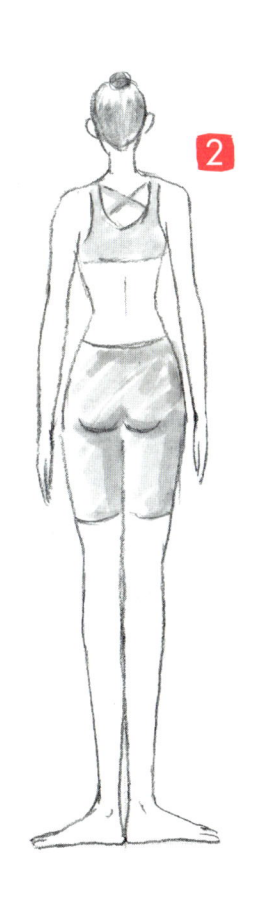

スラリと伸びた美脚美人になる！

脚の筋肉のストレッチは手軽な美脚運動です

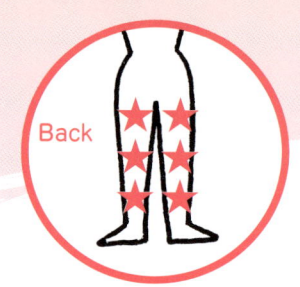

Back

パラレルストレッチ
脚をスラリとさせるストレッチ

脚の骨を伸ばすイメージで

①両膝を曲げかかとを揃えて、両手でつま先を持ちます。足の裏とアキレス腱をよく伸ばします。
②そのまま、かかとを前へ押し出すようにして脚を伸ばします。脚の骨を伸ばしていくイメージで。股関節の硬い人は、少し脚を開いて行いましょう。
③足指の根っこを前へ押して、甲を伸ばします。
④脚のつけ根から二つ折りになり、上体を前に倒します。足の裏側と背骨の内側にエネルギーを流すイメージで行います。

リラックス&ストレッチのイン・アウト
内腿をビシッと引き締め

脚のつけ根から動かして

①脚のつけ根の骨を動かして、脚を腿から内側に回して内腿を締めます。股関節を内側に回すようにするのがコツ。
②股関節の力を抜き、脚をリラックス。力を抜くだけで、自然と脚は外側に開きます。①②でワンセットにして、4セット行います。
③次に少し緩んだ股関節を、①と同じように脚のつけ根の骨を軽い力で内側に回してから、外側に回します。
④脚のつけ根の方向を変えないで、足首を直角に立て、かかとを前へ押し出し、足の裏を伸ばします。
⑤④の形のまま、かかとの先につま先を引っ張るようにして、脚全体をまっすぐに伸ばします。③④⑤を1セットとして、4セット行います。

私は指導者として、初めてバレエを習うという方に教える機会が多いのですが、個人個人のそれまでのスポーツ経験によって、バレエの動きを理解しやすい種目と理解しにくい種目があるように思います。

バレエは筋肉を縦に引き伸ばす動きが多いのですが、筋肉を縮めてしまう動きが多い種目を長年やっていた方は、筋肉を引き伸ばす感覚が難しいようです。

例えば、バスケットボールをやっていた人は、ジャンプしてシュートするというように上に伸びる動きに慣れていたり、武道でいえば、剣道は、丹田を意識して背筋を伸ばし、声を出しながら打ち込むので下腹の腹筋力が強かったりと、比較的すんなりバレエの動きを身につけることができるようです。

一方、中腰で構えることが多いスポーツは、前腿にしっかり筋肉がついているので膝の裏を伸ばす感覚がわかりにくいようです。

新しい発見もありました。それが、水泳選手だった人に、ジャンプをして回転するという動きを教えたとき。泳ぐときにも伸びるという動きはありますが、それはバレエとは違う水平運動感覚のためなのでしょうか、床を使っての垂直感覚をつかむのが難しいようでした。

スポーツ経験とバレエの理解度については、もちろん、個人差もあり、いちがいにはいえないことですが、多少関係があるように思います。

> スポーツ経験によって
> バレエへの理解度が
> 違うかも…
>
> GOTO'S EYE

Part 3

**ダイエット効果を
さらにアップ！**

じっくり取り組みたいウィークエンドエクササイズ

後藤式ソフトストレッチの集大成を一挙公開！
18のエクササイズを45分間かけてじっくり行うフルコースで、
昨日と違う身体になる！

週末だからじっくりやりたい！

プリマボディに近づくための45分間フルコースメニュー

自分の時間がたっぷりあるお休みの日こそ、ボディのすみずみまでしっかりエクササイズしたいもの。じっくりと取り組めるウィークエンドメニューを紹介します。

行う順序を考えた、18のエクササイズ

全身の筋肉と関節を、時間をかけて動かすウィークエンドメニューは、18のエクササイズで構成しています。これは、私自身の身体で何度も試しながら作り上げた、オリジナルエクササイズの集大成。今回の本のもとになっているものです。

順序と時間配分を考えて、バランスよく筋肉を伸ばしたり、関節を動かしたりできるように作っています。

ひとつの筋肉や関節に、長い時間負担をかけることがないように考案しましたので、エクササイズ1から順番に行って頂けるのがベストです。

柔軟性が求められるエクササイズもありますが、身体が硬い人向けのポーズも紹介していますので、自分のできる範囲で行ってください。

腹筋を鍛えたら次は背中、膝の次は股関節というように、

64

後藤式ソフトストレッチ
ウィークエンドメニューのフルライン

Part1～3で紹介した一部のエクササイズに新しいものを加えた週末バージョンです。新エクササイズは次のページから紹介！

- **Exercise 1** ロールアップ＆ダウン ☕P15
- **Exercise 2** 両脚頭越えストレッチ＆リラックス ☕P66
- **Exercise 3** 腹背筋から正座ブレイク＆前腿ストレッチ ☕P34
- **Exercise 4** 片脚ずつのドゥバンストレッチ ☕P68
- **Exercise 5** 丹田の腹筋 ☕P28
- **Exercise 6** だるま腹筋 ☕P30
- **Exercise 7** 足裏合わせ―膝割り第二ポジション ☕P35
- **Exercise 8** パラレルストレッチ ☕P60
- **Exercise 9** リラックス＆ストレッチのイン・アウト ☕P61
- **Exercise 10** ロールアップ＆ダウン ☕P15
  ボディアップ ☕P69
  仰向けパッセかかえ ☕P69
- **Exercise 11** ア・ラ・スゴンドのデブロッペ ☕P70
- **Exercise 12** 床の開脚 ☕P36
- **Exercise 13** デリエールストレッチ（アラベスク＆アチチュード）☕P71
- **Exercise 14** 仰向け開脚ストレッチ ☕P72
  バストアップ ☕P48
  ヒップアップ ☕P58
- **Exercise 15** 四つんばいデリエールストレッチ ☕P38
- **Exercise 16** ヒールアップでドゥバンからア・ラ・スゴンドへ ☕P74
  クロス腹筋 ☕P76
- **Exercise 17** 「短・短・長」の腹式呼吸 ☕P13
- **Exercise 18** 仰向けの腹式呼吸 ☕P14

両脚頭越えストレッチ&リラックス
下腹を強くして、背中から脚の後ろ側全体の筋肉を伸ばす

Exercise2 をレクチャー!

STEP 1 膝の裏を伸ばす

仰向けになって両脚を上げ、頭を越してつま先を床につけます。背中から脚の後ろ側全体を伸ばし、骨盤が揺れないように、下腹の力でしっかりと支えます。

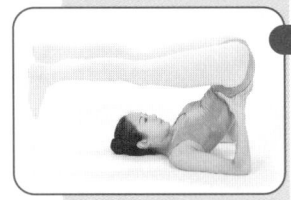

背中が硬い人は
両脚の位置は、できる範囲まで床に近づけて。手で腰を支えサポートします。

STEP 2 膝裏をリラックス

膝を曲げて、膝の裏の筋肉をリラックスさせます。両脚を伸ばしてストレッチ、膝を曲げてリラックスを4回繰り返します。

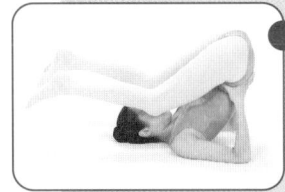

背中が硬い人は
手で腰を支えたまま、両脚は床につけずに、膝裏をリラックスさせます。

STEP 3 脚のつけ根から動かす

膝を伸ばした状態で、腿を内側に締めて、ゆるめます。脚のつけ根の骨を動かすように。これを8回繰り返します。

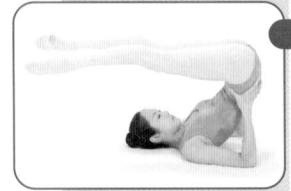

背中が硬い人は
できる範囲で、両脚は床に近づけたまま行います。

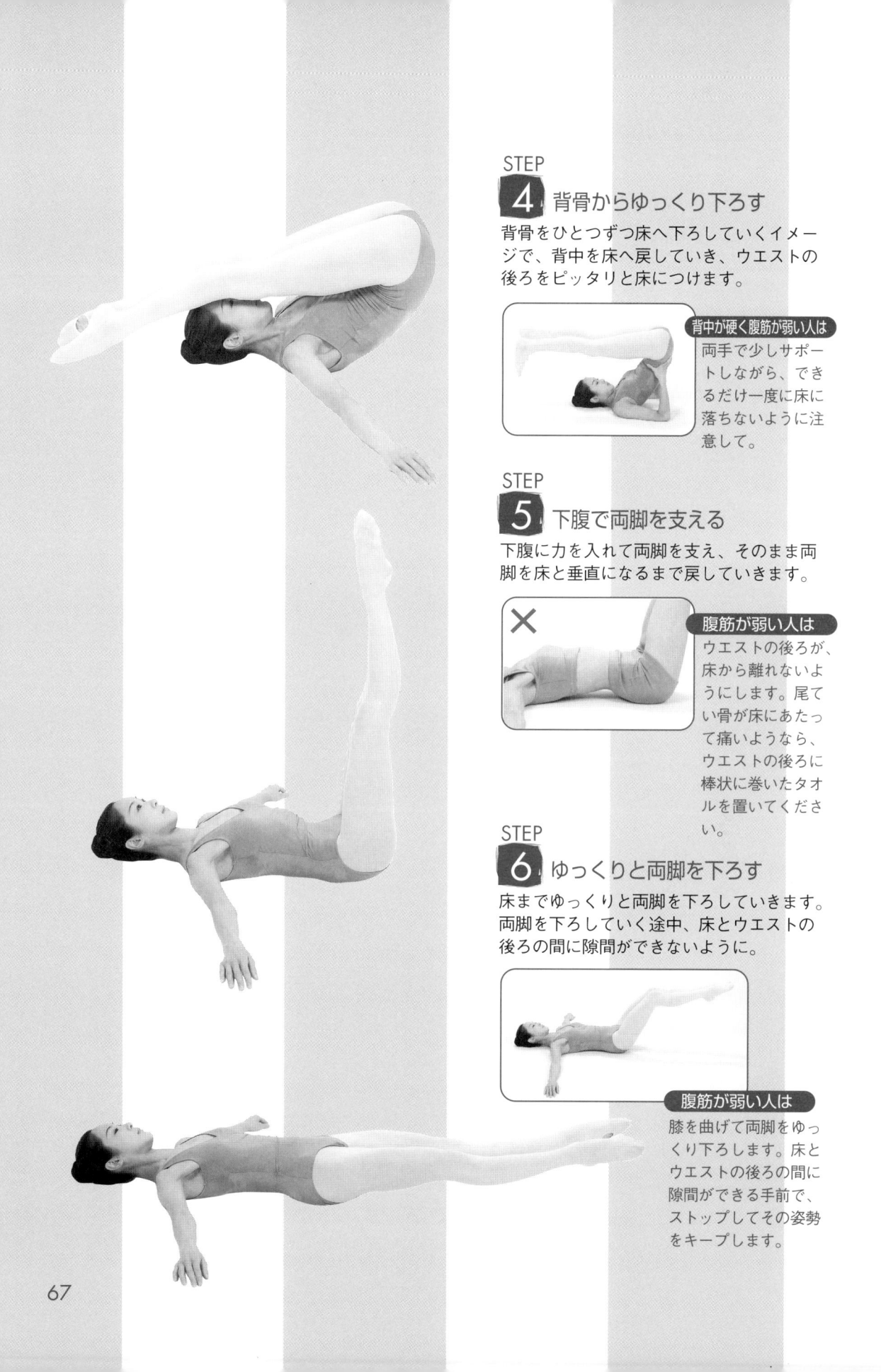

STEP 4 背骨からゆっくり下ろす

背骨をひとつずつ床へ下ろしていくイメージで、背中を床へ戻していき、ウエストの後ろをピッタリと床につけます。

背中が硬く腹筋が弱い人は
両手で少しサポートしながら、できるだけ一度に床に落ちないように注意して。

STEP 5 下腹で両脚を支える

下腹に力を入れて両脚を支え、そのまま両脚を床と垂直になるまで戻していきます。

✕ 腹筋が弱い人は
ウエストの後ろが、床から離れないようにします。尾てい骨が床にあたって痛いようなら、ウエストの後ろに棒状に巻いたタオルを置いてください。

STEP 6 ゆっくりと両脚を下ろす

床までゆっくりと両脚を下ろしていきます。両脚を下ろしていく途中、床とウエストの後ろの間に隙間ができないように。

腹筋が弱い人は
膝を曲げて両脚をゆっくり下ろします。床とウエストの後ろの間に隙間ができる手前で、ストップしてその姿勢をキープします。

片脚ずつのドゥバンストレッチ

脚を前に曲げて、伸ばすだけ。
プヨプヨしない腿裏をつくる

Exercise4 を レクチャー！

STEP 1　関節を脱力して行って

ドゥバンとは「前へ」の意味です。まず、右脚を抱えます。関節の力を抜いて、骨を折りたたむ感じで、膝をなるべく胸につけます。左脚はつけ根を伸ばし、つま先を下へ引っ張るように。

STEP 2　足裏とアキレス腱伸ばし

下腹で上体を起こして、足裏を手前に引き、足裏とアキレス腱のストレッチ。

STEP 3　脚裏を伸ばす

両手で脚を身体のほうへ引き寄せ、膝の裏からかかとまでを伸ばします。

身体が硬い人は
左膝を曲げて行います。

STEP 4　さらに深くストレッチ

つま先を伸ばし、さらに脚の裏を伸ばすように。逆側も同様に行って。

身体が硬い人は
左膝を曲げて行います。

ボディアップ

脇のムダ肉をそぎ落とす

Exercise10 を レクチャー！

STEP 1　座ったときは下腹へ意識を

膝を割って座ります。下腹に力を入れて、背中がまっすぐに立ち、ウエストの後ろが丸くならないように気をつけます。

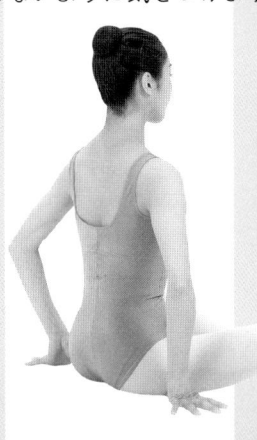

STEP 2　下腹と脇で身体をアップ

両手で身体を持ち上げます。このとき、下腹から背中を持ち上げるように。脇の下の力も強くなります。

仰向けパッセかかえ

両方の股関節を外向きにまわし 丹田の力で腰を安定させる

STEP 1　背中は床にピッタリつける

パッセとはフランス語で「通過する」の意味。バレエでは、片足の膝を曲げ、つま先をもう片方の足の膝の横につけるポーズの場合は「パッセ・ポジション」または「ルティレ」といいます。背中をぴったりと床につけ、骨盤を平らに、股関節まわりの筋肉や関節の腱の力を抜きます。

STEP 2　骨盤は動かさない

下腹で膝を持ち上げるようにして、右膝を曲げます。右足の小指で床を押して、かかとを持ち上げるようにします。脚のつけ根に力を入れると、腰が上がってしまうので注意。両脚のつけ根が水平になるように気をつけてください。

ア・ラ・スゴンドのデブロッペ

腹筋・腰・背中で脚を横に伸ばす

Exercise11
を
レクチャー！

STEP 1　右の腹筋、右脚を引き伸ばす

デブロッペとはフランス語で「発展する」の意味。ア・ラ・スゴンドのデブロッペとは、脚を横にゆっくりと伸ばすことです。
右側を下に横になって、左手を軽く床につけ、右手の指先からつま先までまっすぐなラインをキープ。右側の腹筋で支え、右脚をまっすぐに引き伸ばします。意識してかかとを下に引っ張るようにします。

STEP 2　下腹で膝をコントロール

下腹に力を入れて左膝を曲げます。脚のつけ根に力が入らないように。膝が前に傾いたり、腰が後ろに落ちたりしないように注意しましょう。

STEP 3　左脚を右の腹筋で支えるように

かかとを引っ張り上げるように左脚を伸ばします。上げた左脚が、右の腹筋の上にのっているような感じで。

STEP 4　反対の脚でも同様に

つま先を伸ばして、STEP 2からSTEP 1へと戻ります。逆側も同じようにします。

デリエールストレッチ（アラベスク&アチチュード）
バレエの脚のポーズをアレンジ。
キレイな脚と背中をつくる

Exercise13 をレクチャー！

STEP 1 片脚を伸ばしてスタート

デリエールとは「後方へ」の意味。アラベスクは、片脚で立ち、他の片脚を後ろへ伸ばしたポーズ。アチチュードは片脚で立ち、他の片脚の膝を曲げて空中に保つポーズをいいます。ここでは床を利用して行います。左脚を横へ伸ばして、右膝を曲げて身体の前におきます。

STEP 2 90度右方向へ身体の向きをチェンジ

右脚はあぐら状態にして、左脚は後ろに引きます。左脚の膝のお皿を外側に向け、左膝の裏を伸ばします

STEP 3 お腹を基点に上体と脚をストレッチ

上体を前に倒して、左手を伸ばし背中を伸ばします。お腹から上体と左脚を伸ばします。左半身がつながっているイメージが大切。

STEP 4 上体がぶれないように

上体を起こして、骨盤は水平に保ったまま、下腹の力で脚のつけ根から上体を浮かします。上体は胸の後ろで前を見るイメージで。背骨を上に引っ張りあげます。

STEP 5 後ろ脚を曲げてボディアップ

一度床に腰を落として、後ろ脚の膝を曲げます。両脚のすねで床を押しながら、下腹の力を使って、脚のつけ根から上体を浮かします。STEP 1からSTEP 5の動きで逆側も同様に。

これはNG!!

身体が傾かないように

背骨を通るまっすぐなラインが傾いてしまったり、後ろ脚を内股にしないようにしましょう。

仰向け開脚ストレッチ

腹筋と腿の後ろを
しっかりストレッチ

Exercise14
を
レクチャー！

STEP
1 上げた脚を下腹で支える

仰向けから両脚を直角に上げます。脚はつけ根から折って、下腹の奥で脚の骨を支えるイメージで。ウエストの後ろは床につけます。

STEP
2 股関節を固定する

開脚して両膝を曲げます。このとき、股関節がぐらつかないように下腹で支えます。

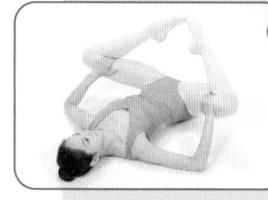

身体が硬い人は
両腿を手で支え、股関節を固定します。

STEP
3 かかとから伸ばす

右脚だけを横に広げ右膝の裏を伸ばします。左膝は曲げたまま、かかとから伸ばしていく感じで。左膝と右脚を水平に張り合います。

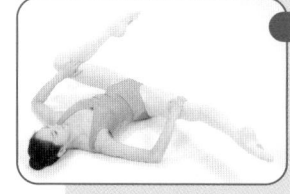

身体が硬い人は
STEP2と同じように、股関節を手でサポートします。

72

STEP 4 足首を動かし、アキレス腱伸ばし

右足首を直角に曲げ、アキレス腱を伸ばします。そのままの姿勢からSTEP 3、STEP 2へと戻ります。

身体が硬い人は
両手で腿を支えます。

STEP 5 逆脚も同様に

反対の脚も同様に行い、STEP 2の状態に。

STEP 6 左右の脚を開く

そのまま両脚を開き、つま先を伸ばします。

STEP 7 左右に脚を伸ばす感じで

ウエストの後ろが浮かないように、両脚を広げます。かかとで左右を押す感じで脚の裏全体を伸ばします。そのあと、つま先を伸ばして、両脚を閉じてSTEP 2の姿勢に戻ります。

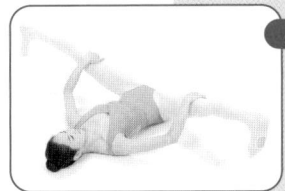

身体が硬い人は
両手で腿を支えます。

ヒールアップでドゥバンからア・ラ・スゴンドへ
丹田の正しい位置をつかみ背中から脚の裏側を伸ばす

Exercise16をレクチャー！

STEP 1 かかとを上げる

ドゥバンは「前方に」、ア・ラ・スゴンドは「横に」の意味があります。
膝を割って座り、足の小指で床を押してかかとを少し上げます。

STEP 2 下腹で床を突き刺すイメージで

手を脚に添えて、片脚をつけ根から折って前に伸ばします。下腹で床を突き刺す感じで、ウエストの後ろを立てて、背中を上げます。脚のつけ根の力を抜いて。

STEP 3 身体がブレないように

そのまま脚を横へ移動します。身体が傾かないように、骨盤は水平に保ち、下腹で上体を支えるように意識します。

これはNG!!
ウエストのラインに注意

脚を前に上げるときに、下腹の力がないと腰が後ろへ倒れてしまいます。

STEP 4 腹で脚を動かす

膝を曲げ、かかとをおへその前に持ってきてキープします。このとき、ウエストの後ろが丸くならないように気をつけて！

STEP 5 脱力ブレイク

脚を床におろして脚のつけ根をリラックスさせ、上体を前へ倒して脱力。背中をしっかりストレッチします。

STEP 6 両脚はつけ根から折る

両脚のつけ根から折って、両脚を前に伸ばしVの字に。ウエストの後ろは丸くならないように。下腹で床を押す感じで。

STEP 7 お腹で床を押す

両脚を横に開きます。お腹で床を押すイメージで行うとスムーズにできます。

身体が硬い人は？

壁とボールでアシスト

身体が後ろに倒れてしまう人は、壁にもたれて行います。これでもつらい人は、ゴムボールを背中に挟んでください。

クロス腹筋
プヨプヨ下腹まわりをスッキリさせる

Exercise16
を
レクチャー！

STEP 1　下腹に重心を感じる

膝を曲げて座り、脚を床から少し浮かして身体を支えます。下腹に力を入れて、バランスをとります。骨盤は水平にキープ。

STEP 2　骨盤は水平を保って

そのままの姿勢から、下腹の奥を使って、左脚と右脇を引っ張り、STEP1の姿勢に戻ります。骨盤は水平を保ちます。

STEP 3　連続して行う

続けて、反対側を行います。左右1回ずつを1セットとして、それを4回繰り返します。

Part 4

ちょこっとプリマ気分

お部屋でできるスタンディングエクササイズ

床だけじゃ物足りない！という人へ、
バレエの基本ポーズを取り入れた簡単バーレッスンを紹介します。
さらなるシェイプアップを目指してトライ！

正しいエクササイズで脚を引き締め！

筋肉と腱のウォームアップからバーレッスンをスタート！

さらにほっそりとした下半身を手に入れたいなら、バーレッスンがおすすめです。バーレッスンは、バレリーナたちの引き締まった下半身をつくる大きな役目を担っています。壁や家具をバーにみたてれば、レッスン場でなくても簡単なバーレッスンができるもの。でも、急に筋肉や腱を伸ばすのはケガのもとです。まずは、Warming Up 1 から 5 でアキレス腱から股関節、太腿と、少しずつ筋肉を動かすことから。筋肉のリラックスも肝心です！　バレエの基本である膝を曲げるプリエや脚を伸ばすタンジュといった脚のポジション、また、腕の基本ポジションはその後に。

Warming Up 1

アキレス腱ストレッチ
アキレス腱をしっかり伸ばす

ゆっくりと足裏を床に押しつける

①腰よりやや高めのキッチン台やテーブルに両手をついて、片脚を後ろに引き、後ろ脚のアキレス腱をゆっくり伸ばします。弾みをつけないように注意。
②後ろ脚の膝を曲げ、腰を後ろ脚のかかとにのせるようにして体重をかけ、足裏を床に押しつけます。このとき、足首関節の力を抜きます。

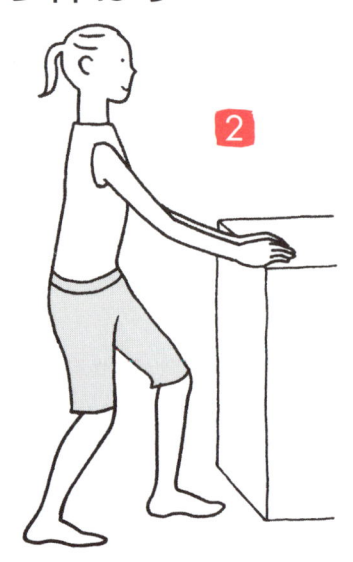

Warming Up 2

片脚ルルベ
足首まわりの筋肉を引き締める

かかとをゆっくり上げ下ろし

ルルベとはフランス語で、「持ちあげる」という意味。
両方のかかとを床から浮かせ、交互にゆっくりとかかとを床におろします。

Warming Up 3

脚のつけ根まわりのリラックス
腿の後ろ、股関節の準備体操

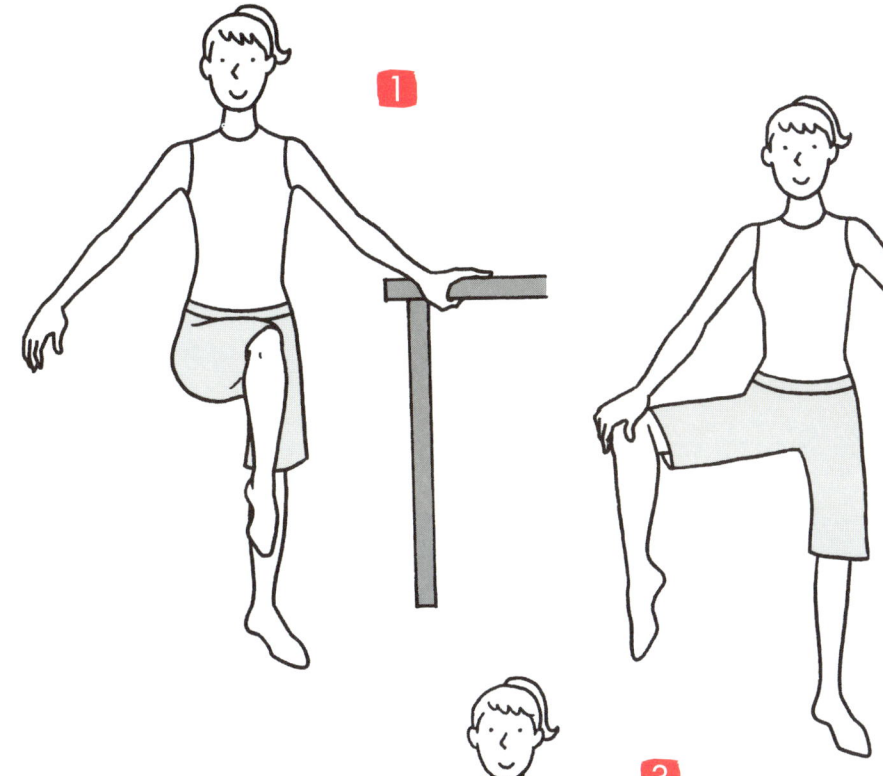

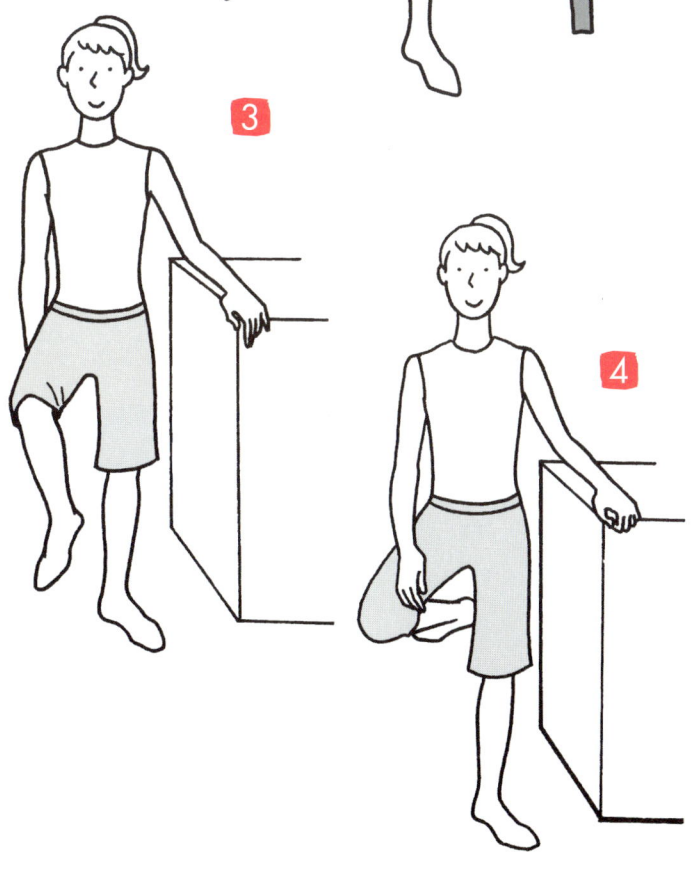

下腹を使って脚リフト

① 壁やテーブルなどに左手を添え、両つま先を90度くらい開いて立ちます。左脚を軸脚にして、右膝を曲げておへその前に持っていきます。

② そのまま横に開いて、最初の形に戻します。このとき、脚のつけ根ではなく、お腹で脚を動かす意識で、4セット繰り返します。

③ 同じ姿勢で、右膝は軽く曲げた状態で前から右脚をスイングさせます。

④ つけ根の力を抜いて、下腹の力で脚の骨を振り子のように動かすことで股関節をゆるめます。右手をテーブルなどに添え、右脚を軸脚にして同様に。

Warming Up 4　脱力バウンス
全身の筋肉の力を抜いてリラックス

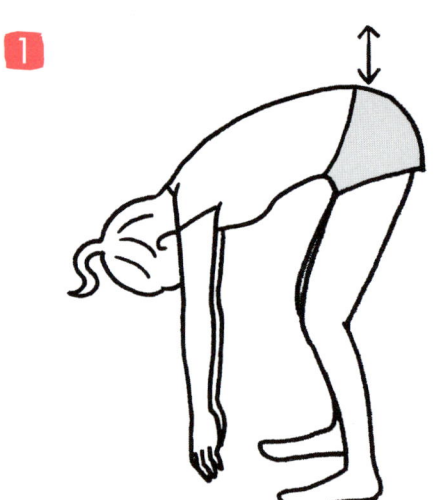

膝の弾みに身体をまかせる

① 脚を肩幅に開き、つま先を前にして上体を下に落とします。丹田から天井に吊られている気持ちで、腰を上下に軽く弾ませます。
② かかとを前に押し出してつま先を90度くらい開いて、①と同様にバウンスします。下腹の力で上体を支えて、股関節の力を抜いて行うように。
③ 下腹の力で腰を真上に吊り上げて、膝を伸ばします。
④ 背骨をひとつずつつみあげるように、上体をゆっくり起こしていきます。

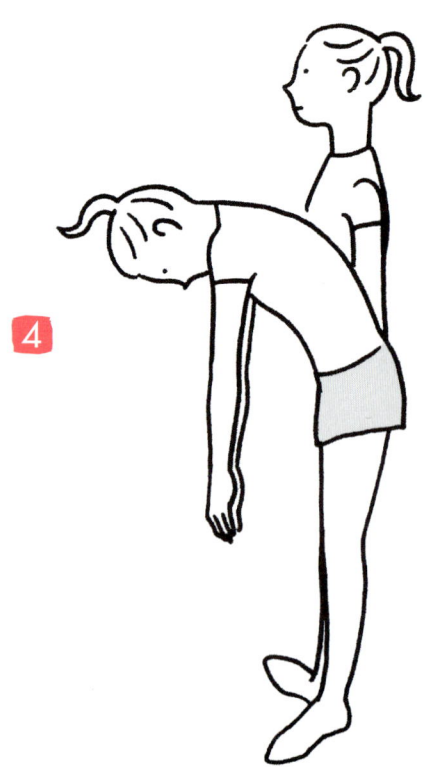

Warming Up 5 　太腿スライド
太腿のプチデブ状態を改善

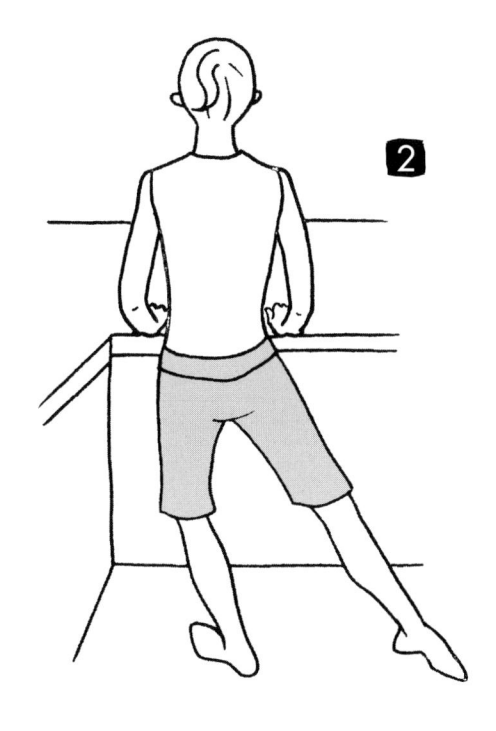

両腿の裏をしっかりストレッチ

① 腰よりやや高めの台などに両手をついて、両つま先を90度くらい開いて立ちます。左脚を軸にして、右脚の膝を曲げて、腿を脚のつけ根から動かすように、内側に移動させます。

② そのまま、左膝を曲げながら、右脚を横に伸ばします。最後に両つま先を90度開いた位置に戻します。左右行います。

③ 最後の姿勢から腰を下へ下ろしていきます。

④ 両かかとが軽く上がった状態のまま、重心を右左にスライドして移動させます。真ん中に重心を戻して、腰を上げて膝を伸ばして最初の姿勢に戻ります。

膝の曲げ伸ばしは
バレリーナの基礎レッスン

プリエで、お腹引き締め＆うっとりする美脚づくり！

プリエとは膝の屈伸のこと。バレエの基本の動きです

バーレッスンの最初はプリエから始まります。プリエとは膝の屈伸のこと。バレリーナの動きの中では基本中の基本。正しいポジションで踊れる身体をつくるために欠かせません。プリエには、かかとをつけたまま膝を曲げるドゥミ・プリエと、深く膝を曲げるグラン・プリエがあります。

プリエを行うときに気をつけたいのが、どこに意識をおくかということ。膝を曲げ伸ばそうとするのではなく、下腹で上体を支え腰を上下に動かすように。これで自然に膝が曲げ伸ばされるように行います。膝は下腹を動かしてはじめて動く、受け身の関節であることを忘れないように。また、プリエの一連の動作を行うときは、途中でとまらないようにしましょう。

プリエでは下腹を使うので、腰まわりのムダな肉が落ちます。また、脚を引き伸ばす動きで筋肉は縦に伸ばされるので、太くない引き締まった脚づくりにもつながります。

バーレッスンでのプリエ

本来のプリエは、手をバーに添えて行います。

おうちでプリエ 1
両手を台に添えてプリエのレッスン

両手に体重をかけすぎないように

① 両つま先を90度〜120度くらい開いて立ちます。足裏は平らに床につけて、両くるぶしは垂直にしてください。

② かかとをつけたまま膝を曲げます。これがドゥミ・プリエです。下腹で身体を上下に動かすように行いましょう。

③ 両足のかかとを上げて、膝を深く曲げます。グラン・プリエがこの状態。そのまま②から①へと戻ります。

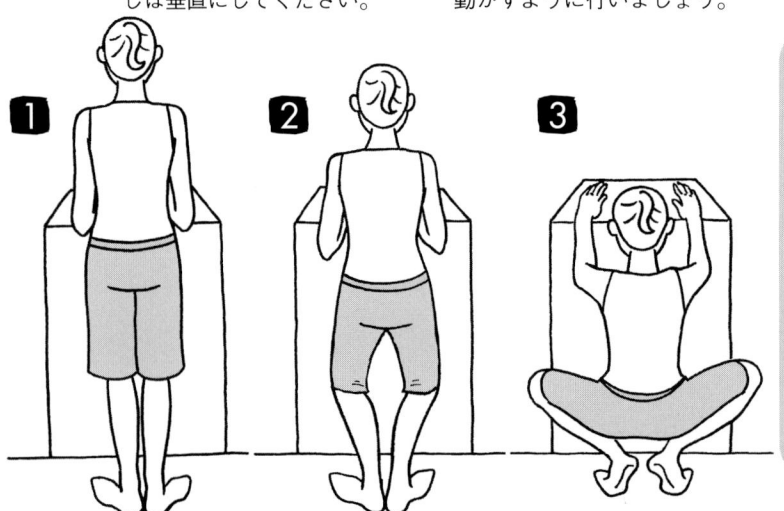

こうなってはNG

膝を曲げたときに、上体が前傾しないように注意しましょう。天井から頭を吊られているイメージを大切に。

身体が前に倒れないように

おうちでプリエ 2 片手を台に添えてドゥミ・プリエのレッスン

動きの流れをとめずスムーズに

① 左手を台に添えて、両つま先を90度〜120度くらい開いて立ちます。この姿勢からスタート。
② かかとをつけたまま膝を曲げ、ドゥミ・プリエを行います。①へ戻ります。

おうちでプリエ 3 片手を台に添えてグラン・プリエのレッスン

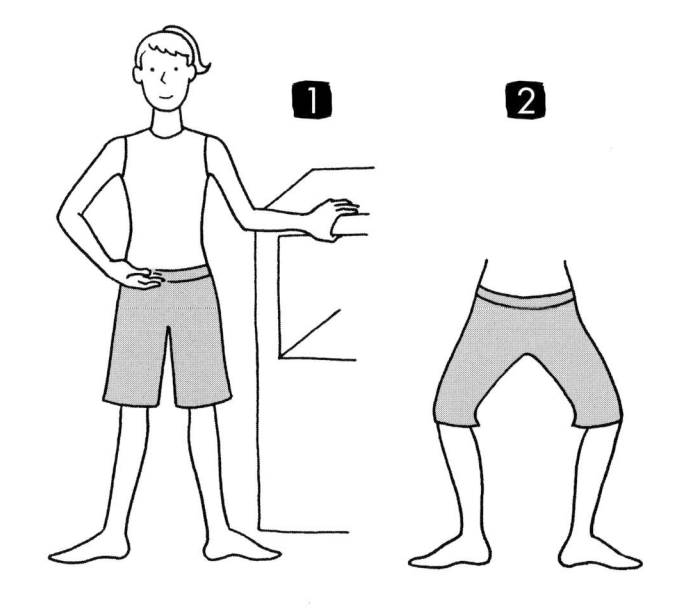

足首の力を抜いて

① かかとを自分の足のサイズの1足半ほど横へ離して、つま先を左右に開きます。足裏は平らに、両くるぶしは垂直に立ちます。足首には力を入れないように。
② そのままの姿勢で、ドゥミ・プリエへ。
③ そのまま膝を深く曲げるグラン・プリエへ。そして、②から①に戻ります。

膝を伸ばす
レッスン
脚裏の なめらかなラインをつくる

片足の膝を伸ばした状態で、床の上を滑らせてつま先を伸ばす動きを、バレエでは「タンジュ」といいます。プリエと同じ、バレエの基本となるタンジュに挑戦！

前、横、後ろへ脚を動かす

① スタートのポーズは膝とつま先は真横に向け、両脚を完全に重ねた状態です。できる範囲でこの形に近づけた形からスタート。
② これは"前のタンジュ"です。かかとから前に押し出すようにして、前へ伸ばします。そして、①へ戻ります。
③ "横のタンジュ"は、軸脚と同じ角度にかかとが開いた横方向へ伸ばしたあと、左脚の後ろに重ねます。
④ "後ろのタンジュ"は、かかとを基点につま先から動かし始めるように意識して後ろへ伸ばしたあと、左脚の後ろに重ねます。もう一度"横のタンジュ"をして①へ戻ります。

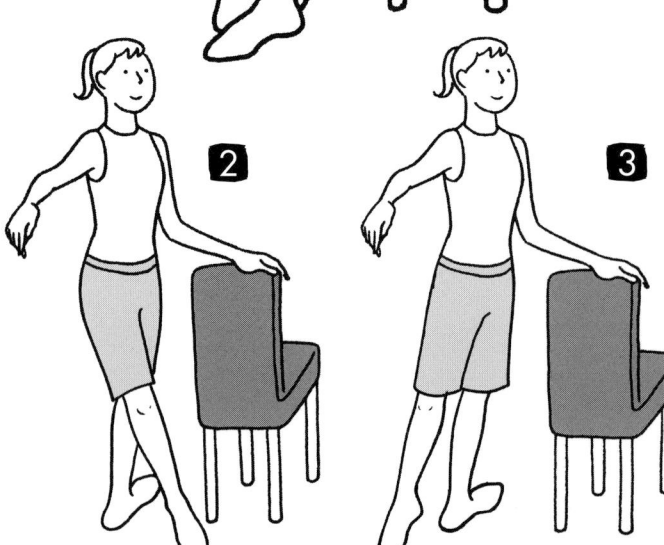

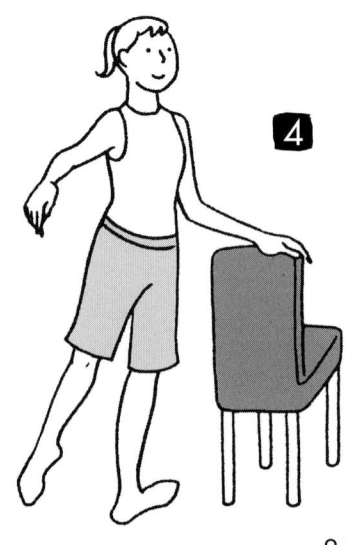

アームスの
基本ポーズ
プヨプヨの二の腕を絞り込み！

鍛えにくい腕のラインは崩れがち。マッチョじゃないけど、引き締まった二の腕がほしいなら、このポーズが最適！

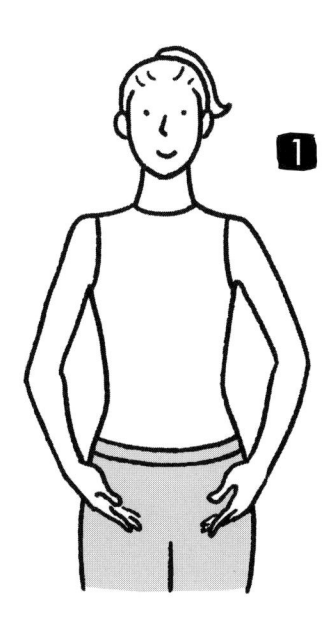

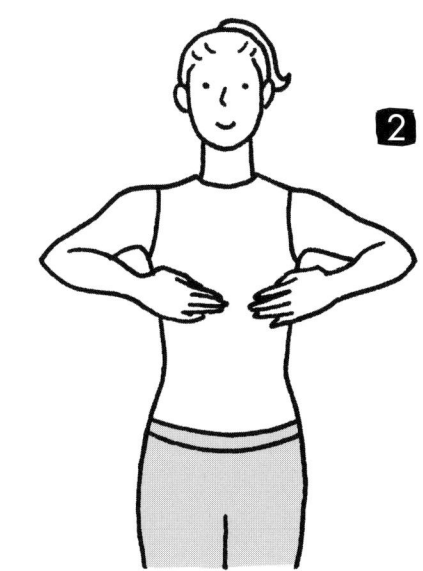

肘から先行する動きで

① つま先を開き、脚をまっすぐにして立った状態で行います。脇と腕の間、左手指先と右手指先の間は卵ひとつ分あけて。この姿勢をバレエ用語では、アン・バといいます。
② 肘で腕全体をリードして、手先が胸の少し下にくるまで腕を上げます。この姿勢をバレエ用語では、アン・ナバンといいます。
③ 両腕を上げていきます。顔を前に向け、指先が視界に入る高さまで上げること。丹田を意識して行いましょう。この姿勢をバレエ用語では、アン・オーといいます。

ちょっと待って そのストレッチ！

あなたのエクササイズ、間違っていませんか？

無理な筋肉の伸ばし方や、間違った順序で行うエクササイズやストレッチでは、効果はなかなか上がりません。それどころか、筋肉や腱を痛めてしまう原因にも。正しいポーズを知ることは、効果的なダイエットにつながります。

背中のストレッチ　膝裏を伸ばし過ぎないで！

このポーズはNGです

膝を伸ばしたままだと、膝の裏の腱や、腿の裏側を痛めやすいのです。

ウエストの後ろが反ってしまうと腰に負担がかかります。

正しいポーズはコレ！

背中を平らにして、膝を少しゆるめた状態が正しいポーズです。

86

腿のストレッチ

このポーズはエクササイズの最初にしないで！

腿のストレッチはウォームアップをしてから

身体の中で一番大きな筋肉が太腿です。この太腿のストレッチとして、家で気軽にできるのがテーブルや椅子などに脚をかけて筋肉を伸ばすという方法です（イラスト①②）。

ただしポーズそのものは間違っていませんが、エクササイズの一番はじめにこのストレッチをするのは大きな間違い。太腿の筋肉や腱を痛めてしまうことにつながります。

アキレス腱を伸ばしたり、股関節を動かすなど、脚のウォーミングアップをしっかり行ってから取り組みましょう。

①腿を前にストレッチ

②腿を横にストレッチ

コレがあれば、やる気倍増！
エクササイズが楽しくなるおしゃれ＆サポーティブアイテム

どうせやるなら、楽しくエクササイズしたい！さらに、正しくエクササイズをするためのDVDも。ダンサーグッズを身につければ、気分はもう、バレリーナ。み〜んなまとめて一挙紹介！

バレエをモチーフにしたワンポイントがカワイイ
プリントTシャツ＆ウエア

線画風に描かれた胸元のプリントがアクセント

レオタードの上から着てバレリーナ気分を満喫。胸元のイラストがアクセント。フリード・スタジオのTシャツ。4725円　素材：コットン100％　カラー：オフホワイト　レオタード参考商品

パステルカラーがキュート

フリード・スタジオのTシャツ。襟ぐりも広く着やすさは◯で、お部屋でのくつろぎウエアにも！　4725円　素材：コットン100％　カラー：ピンク

ソフトな着心地が魅力

コットン生地で、ソフトな肌触りのトップス。エクササイズのブレイクタイムに着たり、タウン着としても利用価値大。7665円　素材：コットン100％　カラー：ネイビー

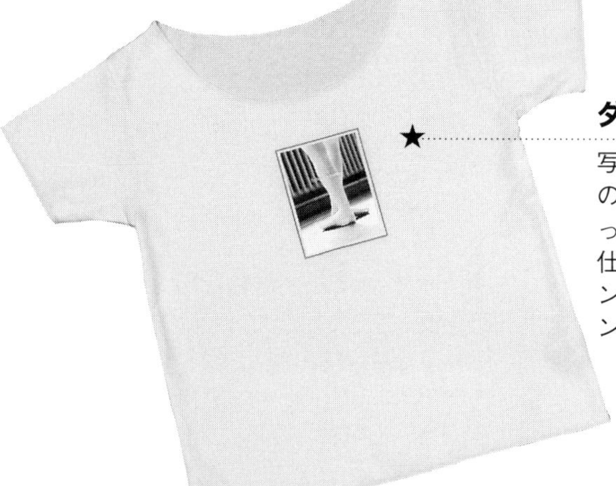

ダンサーの脚フォトに注目

写真は、バレエ用語でいえば、脚のポジションを撮影したもの。たっぷりとしたデザインがダンサー仕様。フリード・スタジオのコットンTシャツ。4725円　素材：コットン100％　カラー：オフホワイト

88

フィットネスにピッタリ
少し厚めの生地なので、エクササイズをするときの足のクッションになってくれそう。各1155円　素材：ナイロン、コットン、ポリウレタン　カラー：ホワイト、ピンク、グリーン

足はポカポカあったか?!
はき心地がやさしいニットソックス。足をすっぽり包んでくれるから、冷え対策にもなりそう。1575円（右）1575円（左）　カラー：グレー、イエロー

部屋着としても活躍
コットン製のスラックスは、汗をかいても吸湿性は申し分なし！　エクササイズ用としても、ルームウエアとしても使える万能タイプ。5565円　素材：コットン100％　カラー：水色

腰まわりまでしっかりカバー
ウエストの上までしっかりカバーできるボーダーニットのショートパンツ。タイツと組み合わせて。各6195円　素材：アクリル100％　カラー：ブルー、ピンク

パステル調のショートパンツ
ニットのショートパンツ。ウエストを折り曲げてはいて。5565円　素材：コットン60％、アクリル40％　カラー：水色

レオタードと組み合わせたい！
パステルカラーのニットパンツ。レオタードやタイツと組み合わせてはくととってもおしゃれ。6195円　素材：レーヨン50％、アクリル50％　カラー：ピンク

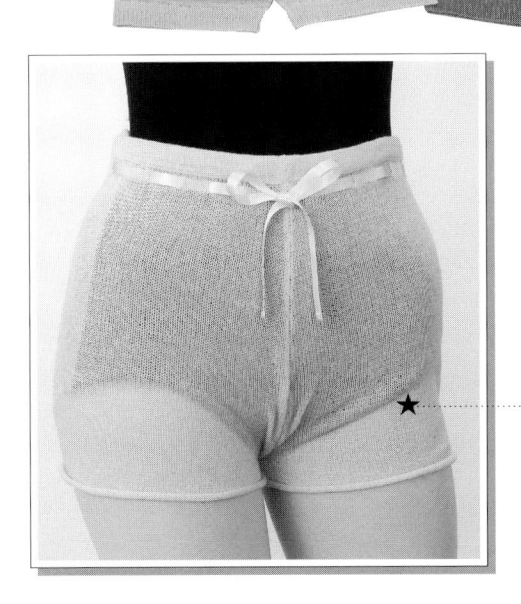

ショートパンツ＆ソックス
ルームウエアとしても活用度大

レッグウエア&シューズ
脚のラインを見ながらエクササイズ

足首をしっかりサポート
足首をしっかりサポートしてくれます。足首の冷え防止にも役立ちそう。ウォーマーアンクル　各1365円　素材：アクリル、ナイロン、ウール、ポリウレタン　カラー：ホワイト、ブラック、ピンク

膝下用のレッグカバー
ふくらはぎから足首までをすっぽりカバーしてくれるレッグウォーマー。プチレッグカバー　1365円（右）1050円（左）　素材：ナイロン、ウール　カラー：ホワイト、ブラック、ブルー、チェリーピンク、セルリアンブルー

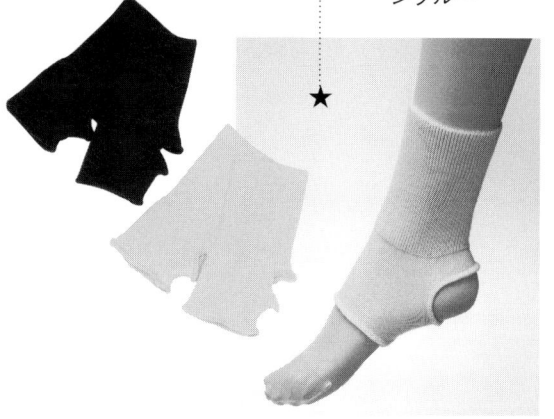

ニットのレッグカバー
脚全体をすっぽり包むニットのレッグカバー。各4095円　素材：レーヨン、アクリル　カラー：ホワイト、ピンク

革と布のタイプがあります
バレリーナ気分を味わいたいなら、バレエシューズをはいてエクササイズにトライ。つま先部分が革でできているタイプ、全面布製、全面革製などさまざまのタイプあり。前革バレエシューズ／2730円　カラー：ロイヤルピンク、ヨーロピアンピンク、ホワイト、ブラック、レッド　布バレエシューズ／2310円　カラー：ロイヤルピンク、ヨーロピアンピンク、ホワイト、ブラック（ともに価格はサイズによって異なります）

腿まですっぽりカバー！
マラーホフのレッグウォーマー。同じカラーのショートパンツもあり、コーディネイトすればおしゃれ度もアップ。ニットレッグウォーマー　4095円　ニットショートパンツ　6195円　ともに素材：アクリル70%、ウール30%　カラー：シルバーグレー、チェリーピンク

下半身のラインがチェックできる！
レオタードと組み合わせるハイウエストオーバータイツ。エクササイズのたびに必ずはいて、下半身のラインの締まり具合をしっかりチェックしたい！4095円　素材：ナイロン、ポリウレタン　カラー：パープル、モスグリーン

90

あったら便利！エクササイズお助けアイテム

本書編者のDVDでボディワークのさらなる理解を！

この本の編者がプロデュースしたDVD。オリジナルボディワークの基礎が満載。身体の硬い人は必見！ 本書で紹介したエクササイズも収録されています。フロアレッスンメソッドDVD（2枚組）7800円（ルミエールのホームページ http://home.catv.ne.jp/ss/lumiere でネット販売もしています）

にじんだ汗をひとぬぐい！

スローな動きといえども、しっかりと正しいエクササイズを行えば、汗は意外とかくもの。身近におきたいエクササイズのワンアイテム！ タオル 各630円

髪をスッキリさせて、いざエクサ！

ヘアが顔にかかったりすると、気になってエクササイズへの集中度もダウン。ヘアはコレですっきり、快適なエクササイズを！ 運動前の準備。ヘアバンド各420円 スカンチ各525円

Tシャツの裾はコレで締める！

エクササイズのときに邪魔になるTシャツの裾はコレで対応。Tシャツクリップ ハート型各180円 リング型各630円

サウナウエアで痩せ効果アップ！

膝丈のサウナパンツとショートパンツ。汗をしっかりかいて、さらなるダイエット効果を狙いたい！ サウナパンツ6195円 サウナショートパンツ 3465円 ともに素材：ポリエステル100％ カラー：ピンク、ブラック ピンクのプチレッグウォーマー 1365円 レオタード 8715円

商品に関するお問い合わせはチャコット渋谷本店 ☎ 03-3476-1311

(使い方) 右ページは体重＆体脂肪率を記入するグラフです。横軸に日付、縦軸の左が体重、右が体脂肪率です。（　）に日付を、○に数字を記入して使用してください。計測値を記入して、折れ線グラフにします。左ページが、バスト、ウエスト、ヒップの3サイズ編です。右ページと同じように、○印に数字を入れ、バスト、ウエスト、ヒップの計測値を色分けして記入してください。

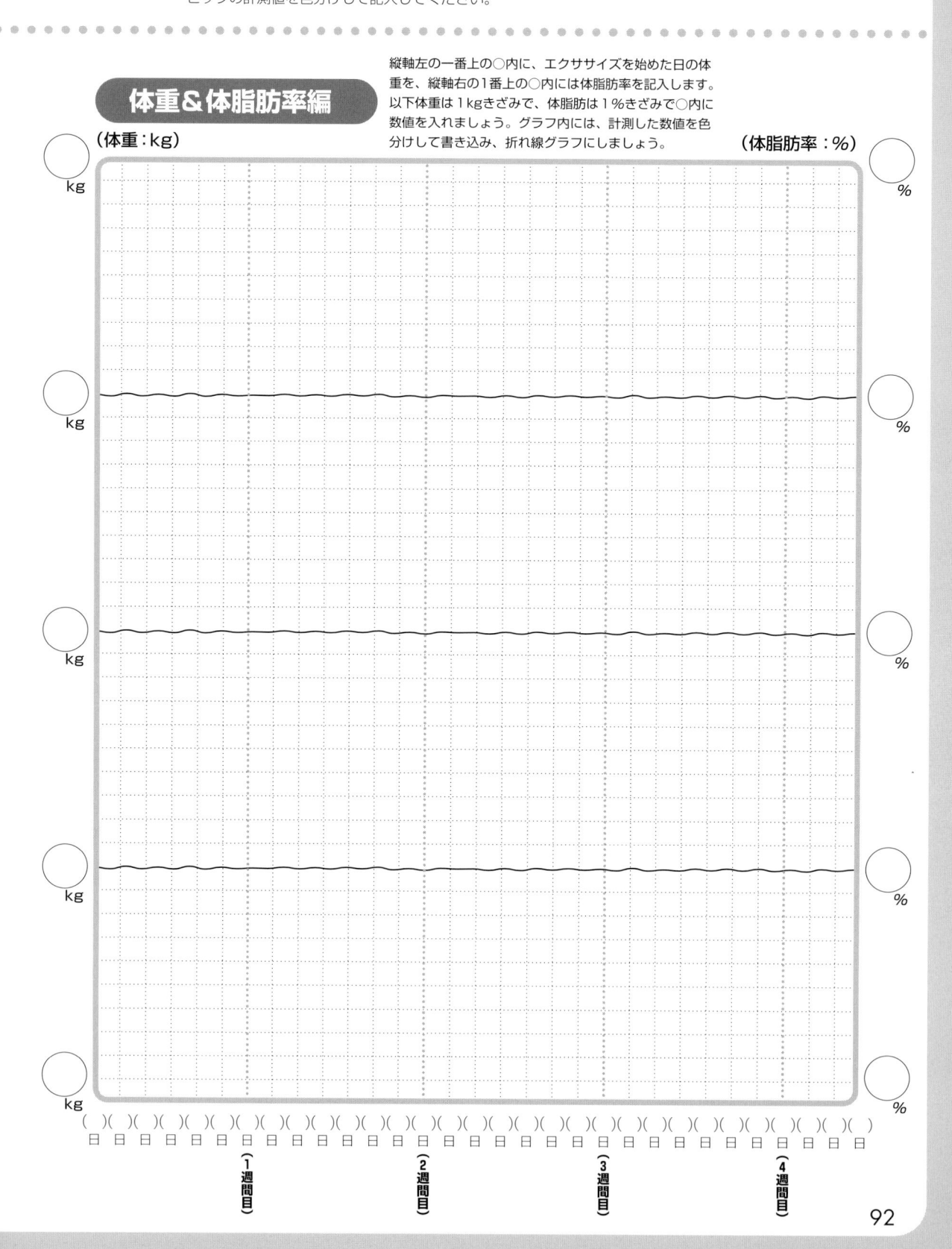

体重＆体脂肪率編

縦軸左の一番上の○内に、エクササイズを始めた日の体重を、縦軸右の1番上の○内には体脂肪率を記入します。以下体重は1kgきざみで、体脂肪は1％きざみで○内に数値を入れましょう。グラフ内には、計測した数値を色分けして書き込み、折れ線グラフにしましょう。

(体重：kg)　　　　　　　　　　　　　　　　　　　　　　(体脂肪率：％)

1週間目　　2週間目　　3週間目　　4週間目

毎日続ければ効果も一目瞭然！
(Diet Diary)*

日々のエクササイズの効果を目に見える形で残せば、やる気もますます出てくるというもの。まずは1か月の身体の変化をしっかりチェック！

3サイズ編

バスト、ウエスト、ヒップのサイズを計測し、その中で一番大きな数値の一の位を切り捨てた数字を、縦軸の上から2番目の○内に書き込みます。以下、○内には10cmきざみで数字を入れます。グラフ内には、計測した3サイズを色分けして書き込み、折れ線グラフにしましょう。

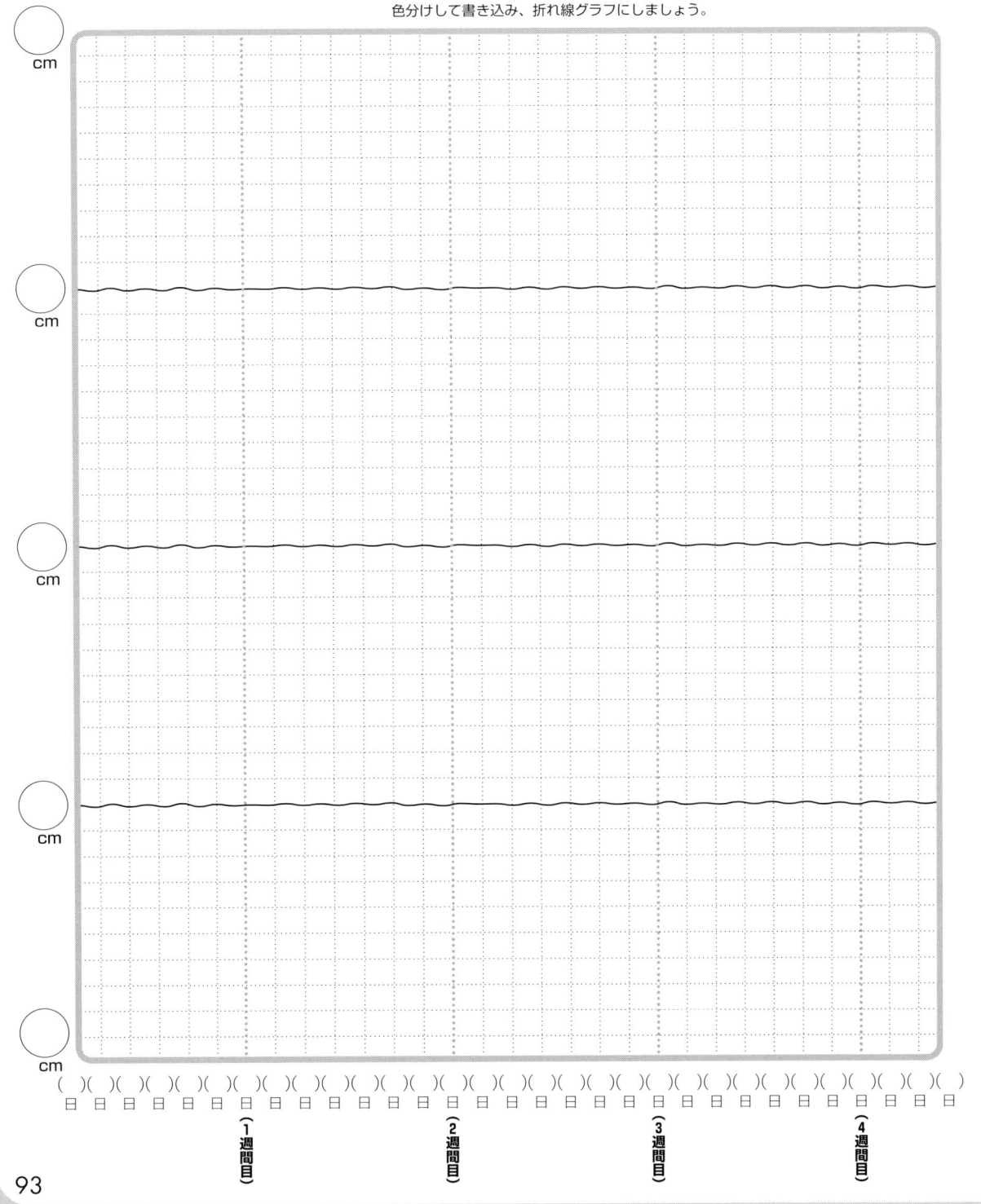

○cm

○cm

○cm

○cm

○cm

（ ）日　（1週間目）　（ ）日　（2週間目）　（ ）日　（3週間目）　（ ）日　（4週間目）

エピローグ

エクササイズを毎日続けていくうちに、足が上がるようになった、前屈が楽になった…。今までできなかった事ができるようになる。それは自分の身体が持っているひとつの可能性を開花させたということですね。

自分の身体とお話ししながら、理解して開発していく楽しみを、エクササイズを通して存分に楽しんで頂けるとうれしいですね。きっと、まだまだ未知なる世界が見つかると思いますよ！

本書で紹介したエクササイズは、バレエのレッスンを、バレリーナではない人に教えるにはどうしたらいいのか、という視点を盛り込みながらつくりあげたものです。

現在私は、このエクササイズを、バレリーナや劇団員の方たちのほか、小学生からシニアまで幅広く一般の方々に教える機会を頂いております。そして指導していて特に思うのは、子供たちの身体が硬く、弱いということ。また、私のメソッドでは下腹の力である丹田力を強調していますが、この力が弱い子供たちも決して少なくありません。

「腹が据わる」という言葉があります。これは物事に動じない、度胸があるという意味ですが、

94

私は、物事の本質を掴んでいるということにもつながるのではないかと思っています。丹田力をつけることで物の見方も変わってくる──エクササイズを続けていくうちに、子供が明るくなった、潑剌（はつらつ）とするようになった、集中力が出て来た、そんな声を聞くことがあります。丹田力は、身体だけでなく心のありようにも深くかかわっていることを、指導を通じて実感しています。

それは、子供たちだけに限ったことではなく、キレイになりたい、痩せたいと思っている女性たちにもいえることではないでしょうか。身体が変われば、心も変わるもの。自分の身体と会話をしながら、外側だけでなく内側から溢れる本当の美しさを見つけてもらえればと思っております。私のエクササイズをそのための手助けのひとつとして頂けたら、この上ない幸せです。

後藤早知子

編者／後藤早知子

撮影／高井治郎（P26-41, 44, 54, 66-76）
　　　竹内けい子（P5, 17, 43, 63, 77, 88-91）

カバー・本文デザイン／トランス・フィクスド　西垣聡子
　　　　　　　　　　　　　　　　　　　　　　大木康子
　　　　　　　　　　　　　　　　　　　　　　二宮知保

本文イラスト／小渕美穂（P16, 42, 62）
　　　　　　　鴨下惠子（P45-53, 55-61）
　　　　　　　細川夏子（P8-15, 18, 20-25, 64, 78-87）

企画・制作／有限会社テクト　和田方子

校正／株式会社白鳳社

バレリーナがスリムの秘密
バレエ式ソフトストレッチダイエット

発行人／坪中　勇
印刷所／大日本印刷株式会社
製本所／株式会社若林製本工場
発行所／株式会社主婦と生活社
　〒104-8357　東京都中央区京橋3-5-7
　郵便振替　00100-0-36364
　販売部　TEL 03-3563-5121
　編集部　TEL 03-3563-5135

Ⓡ本書の全部または一部を無断で複写複製することは、著作権法上での例外を除き禁じられています。本書からの複写を希望される場合は日本複写権センター（TEL 03-3401-2382）にご連絡ください。

落丁、乱丁、その他の不良本はお取替えいたします。

ISBN4-391-12942-6　C0077
© SACHIKO GOTO　2004　Printed in Japan